ビジネス書を捨てよ、街へ出よう

プロ営業師の仕事術

株式会社おくりバント社長
高山洋平

SOGO HOREI PUBLISHING CO., LTD

はじめに

はじめまして、高山洋平《たかやまようへい》と申します。

この本を手に取ってくださり、ありがとうございます。

２０２０年2月頃から続く新型コロナウイルスの影響で、この本が出版される11月現在もなかなか外出しにくい状況です。

あなたは、今この本のタイトルを見て「このご時世に『外へ出よう』などと言うやつは、一体何者なんだ」と思っていることでしょう。

だから、まずは少し自己紹介させてください。

私は「株式会社おくりバント」という広告制作ＰＲの会社を経営しています。

人々の想像を超える〝ナナメ上〟からのアプローチで、お客様を市場で戦える〝得点圏〟までお連れすることを理念に掲げ、企業のプロモーション動画からアーティストのMVの撮影まで、さまざまなクリエイティブ事業に携わっています。

具体的には、街中でティッシュボックスを走らせたり、めちゃくちゃPOPな転職エージェントのホームページを作ったりしています。

と言っても、よくわからないですよね。

簡単に言うと、特に真面目に生きているわけでもなく、好きなことをし、ふざけた格好で昼も夜も街をプラプラしている、〝ゆるい〟感じのおじさんです。

ついでに、私の経歴もお話しておきましょう。

もともと、私は大学卒業後、不動産投資会社で営業をしていました。

当時はトイレに行くのにも許可が必要で、ランチに行くときも電話の親機を持っていました。結果が出なければ休みを取ることも許されない。それでも、5年ほど続けました。

いろいろキツイ仕事でしたが、今思えばある意味、社会や営業について学ぶところも多くありました。

その後入社したインターネット広告会社のアドウェイズでは、中国語も話せないのに「中国カルチャーに詳しいから、俺にもできる」という思い込みだけで、社長に直談判して中国の支社に異動させてもらいました。

毎日飲み歩いて現地の人とコミュニケーションを取るうちに、上海中にある数多の飲み屋を覚え、駐在員たちから〝上海一のポン引き〟という異名をたまわるまでになったのです。

本社に帰ってきた後は「自分でもクリエイティブなことをしたい」と思い、上層部を説得し、おくりバントを立ち上げました。

ただ、会社の資本金をすぐ使い切ってしまい、設立直後に倒産の危機に陥ったりしていました。金銭感覚がないわけです。

それでも、なんとか今年２０２０年の3月期にやっと黒字化することができました。

ここまで聞いたら、もうおわかりですね。だから、正直に言います。

私には、すごい学歴や華々しい経歴があるわけではありません。社長として大成功しているわけでも、魔法のような手段で楽に成果を出しているわけでもありません。

ただ、みなさんより少し、好きなことで〝楽しく〟仕事をしています。

「毎日同じことの繰り返し……つまらない」
「コミュニケーションが苦手……職場にいるのがつらい」
「最近思っているような成果が出せない……向いてないのかな」

このような悩みを抱えている方は、ちょっと本書を読んでもらえるといいでしょう。あなたの日常の〝ブレイクスルー〟になるかもしれません。

逆に「超大金持ちになりたい」「モテたい」「今すぐ楽に稼ぎたい」と思っている方は絶対にこの本を買ってはいけません。

今すぐ売り場に戻してください。

さて、この本のタイトルに話を戻しましょう。

そもそも、本当に使える仕事のヒントは、ビジネス書や会社の中にはないと、私は思っています。

それらは街の中や遊びの中にあるものなのです。

私が会社の外に出るのは、単純に企画のヒントや市場調査のためというだけではありません。話のネタや粋な会話、人生の機微など、社外の至るところでさまざまなことが学べます。

それらを丁寧に拾い集め、自分なりに解釈し、仕事に生かすことで、働くことを〝エンタメ〟に変えてきたのです。

だから、私はこんなときでも「街へ出よう」と言いたいわけです。


この本では、私の仕事（サボり）の理論やコミュニケーション術を、広告会社の若手営業マンに教えていく、というストーリー形式でお伝えしていきます。

内容について、7割はおふざけですが、3割くらいはちゃんと大切なことが書いてあります。

みなさんも、主人公の真部《まなべ》誠《まこと》君と一緒に、上司の高山洋平ヘツッコミを入れながら読んでいただけたらと思います。

これから街や遊びの中で仕事のヒントを探すための練習だと思って、どこに本質が隠れているか探してみてください。

そして、読み終わったら、この本を捨てて、街へ出ましょう。

もちろん、その際はマスクを忘れずに。感染対策を怠らないようにお願いしますよ。

私が怒られちゃいますからね。

Contents

第一章 最強の営業マンになるための五大思想

第二章 円滑な社内コミュニケーションを促す五大秘術

第三章 唯一無二の営業マンになるための五大奥義

編集協力　榎並紀行（やじろべえ株式会社）／ブックデザイン　藤塚尚子（ｅｔｏｋｕｍｉ）／図表・ＤＴＰ　横内俊彦／校正　池田研一

Prologue

プロローグ

都内にある広告代理店の営業マンとして、3年目の春。

僕、真部誠《まなべまこと》は窮地に立たされていた。


「一体どういうつもりなんですか？」

電話の相手は、取引先の担当者だ。今制作を進めている、グルメサイトのWEBプロモーション動画について、ちょっとした行き違いがあった。

「真部さん」

相手はかなり怒っている。

「今回の動画で、うちは女性のお客さまを取り込みたいって、お話ししましたよね」

「ええ。もちろん、伺いましたよ」

「それがどうして、スナックが舞台なんですか」

「いや、今スナックに通う女性が増えているんですよ。それで……」

「もういいですっ。上の人とお話させていただきます」

電話は切れた。

シナリオは事前に確認したじゃないか。何で撮影後の最終段階で、文句を言ってくるんだ。納期は10日後なのに……。

でも、この案件は落とすわけにはいかないんだ。

ここ数カ月、売上目標を達成できていない。今月もギリギリだ。なんとか期日までに納品しないとまずい。

深いため息が漏れた。


「真部、ちょっといいか？」

席に戻ると、営業部の上司鶴田さんから、後で会議室へ来るように言われた。

何だかイヤな予感がする。

最近の売り上げについてだろうか。

いや、なかなか進んでいないAプロジェクトのことだろうか。先日トラブルが起きたB案件のことだろうか。それとも、来月のコンペの準備のことだろうか。

心当たりがありすぎてわからない。


いろいろ考えているうちに、会議室に着いた。フゥと息を整え、ノックしてから、重々しい気持ちで扉を開けた。

「失礼します」

鶴田さんは奥に座っている。

「いや、忙しいところ悪いな」

座るように促され、僕は動揺を悟られまいと静かに椅子をひいて腰かけた。

「単刀直入に言おう」

僕は唾を飲みこんだ。喉がゴクリとなる。

「私の知り合いに営業の達人と呼ばれる人がいる。彼のところでしばらく働いてきなさい」

「えっ？」

「おくりバントという広告会社をやっている、高山洋平という人だ。ちょっと変わっているが、彼の営業のスキルは本物だ。業界ではちょっとした有名人だぞ」

「ちょ、ちょっと待ってください。急に何ですか？」

「最近伸び悩んでいるだろ、お前」

ウッと言葉を飲み込む。図星すぎて言い返せない。

「お前は優秀だけど、ちょっと四角四面《しかくしめん》なところがあるからな。心配なんだよ」

「いえ！　僕はまだまだ頑張れます！　ですから……」

「まあ、息抜きだと思って行ってこい」

席を立った鶴田さんは「きっといい勉強になるだろう」と、僕の肩を軽く叩き、部屋を出て行った。

鶴田さんは僕がもっとも信頼し、尊敬している人だ。都内の広告代理店で勤めるようになってから、ずっとお世話になっている。

そんな上司からの突然の出向命令。これはほぼ左遷じゃないだろうか。

僕はショックでしばらく動けなかった。

プロ営業師こと、株式会社おくりバントの高山洋平。名前だけは聞いたことがある。

広告業界では、そこそこ知られた存在のはずだ。

念のためネットで検索してみると、もじゃもじゃ頭と無精ひげにキャップをかぶりサングラスをかけている、というエキセントリックな外見が出てきた。インタビュー記事を読むと、彼の仕事に関する突拍子もないエピソードが書いてある。

さらに調べてみると、高山が経営するおくりバントは、インターネット広告企業アドウェイズの子会社らしい。

アドウェイズは国内最大級のアフィリエイトサービスの運営、広告やマーケティングのプラットフォームなど、幅広く展開している。さらに、アジアを中心とした世界各国へ、スマートフォン向け広告事業の進出にも力を注いでいる。

２０２０年で設立19年目を迎え、１０００人近い従業員を抱える上場企業。代表取締役社長の岡村陽久《おかむらはるひさ》は、２００６年に当時最年少の26歳で上場した。もともと、別の業界でトップセールスマンだったらしい。

親会社はとても優秀な人ばかりのようだけれど……。僕はインタビュー中の高山の写真を眺めた。

……とても不安だ。これから僕はどうなってしまうのだろう。

こうして、僕は〝豪快すぎるプロ営業師〟高山洋平のアシスタントとして、彼の〝営業術〟を学ぶことになったのだ。

第一章

最強の営業マンになるための五大思想

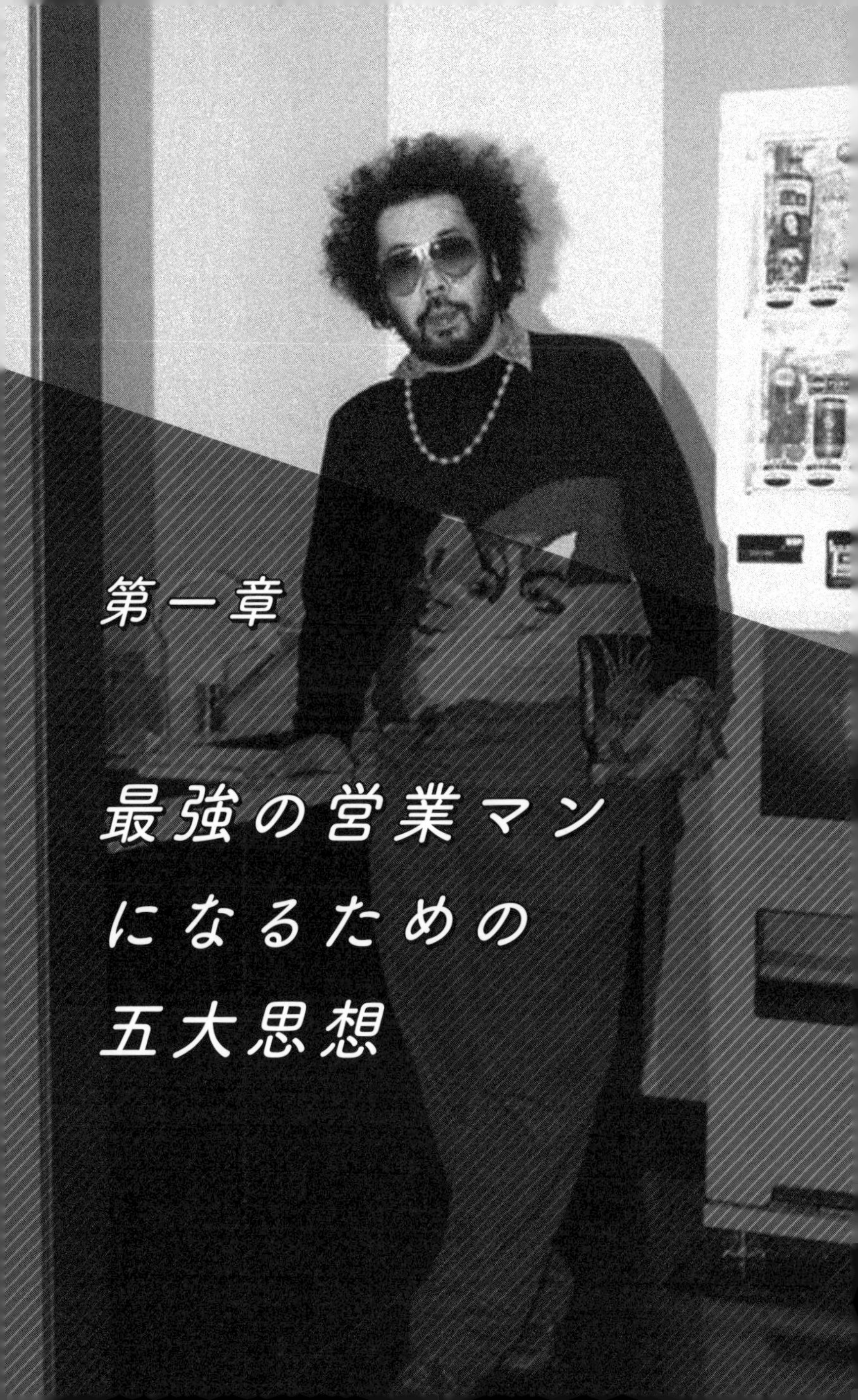

Introduction

デキる営業マンは、いつもオフィスにいない？

株式会社おくりバントに来てから、3日目。すでに、僕は困り果てていた。

高山が会社に来ないのだ。

おくりバントは、親会社であるアドウェイズの一角にある。僕はアドウェイズの社員の方々と同じフロアで働いているのだ。

そこで、周りに高山の行方を尋ねてみたけど、みんな知らないと答えるばかり。

〝業界では有名な営業マン〟と聞いていたから、ちょっと期待していたのに……。

「一カ月でナンバーワンになれる営業術」「相手を思い通りに操る会話術」「自分に有利な条件を引き出す交渉術」なんていうのを学べるんじゃないかって。

でも実際、僕はやることもなく、一人ポツンとただ座っているだけ。

「これなら、ビジネス書の方がよっぽどためになる」

僕はイライラしながら、カバンの中からドラッカーの本を取り出した。

翌日、高山がやってきた。……と思ったら、すでに姿がない。

まさかと思ってエレベーターへ走ると、高山が乗り込むところが見えた。

「待って！　待ってください、高山さん」

閉まりかけたドアから強引に乗り込んだ。息を整えて、尋ねる。

「高山さん、僕は何をすればいいんですか。何か教えてくれるんじゃないんですか」

「何？　そんなこと自分で考えるんだ。好きにしろ」

「えっ」

エレベーターのドアが開き、高山はさっさと行ってしまった。

僕は一瞬何を言われたのかわからず、呆然としていたらドアが閉まりそうになり、慌てて降りた。すでに、高山の姿はない。

何だか、だんだん怒りが込み上げてきた。

こうなったら、会社の外で何をしているのか突き止めてやる。

ちゃんと働いていなかったら、親会社のトップに報告する。それから、鶴田さんにもとの会社に返してくれるように訴えよう。

僕は高山の後をついて行った。

1限目

営業の基本は〝人に優しく！〟

✔できる営業マンは〝サボり〟が日常？

高山はオフィスから歩いて10分のところにある、喫茶室ルノアール新宿ハルク横店にいた。渋いモスグリーンの椅子に、巨体を押し込むように腰かけている。

特徴的な姿は、どこにいてもよく目立つ。何と言えばいいのか。とにかく、普通じゃない。ハッキリ言って、ダサいのだ。

大きなロゴ入りTシャツに、同じく派手な色のハーフパンツ。頭にはHONDAのロゴ入りキャップがのっている。もみあげまでみっしり生えたひげは伸ばしているというより、伸び切ってしまった感じだ。さらに、大きなサングラスに隠れて、表情もよく読み取れない。

近づいてみると、何かを熱心に読んでいるようだ。表紙を見ると、『刃牙』とある。有名な格闘漫画だ。

平日の真っ昼間から、堂々と喫茶店で漫画を読んでいるなんて……。たいていの人は汗水流して働く時間帯だ。でも、そんな時間にサボっていることに対して悪いと思っている様子はない。むしろ、自慢しているようでもある。

あまりの開き直りっぷりに呆れるのを通り越し、感心してしまいそうだった。こんなに豪快にサボる大人は見たことがない。

戸惑っているうちに、高山は席を立った。一体どこへ向かうのだろう。再びその背中を追いかけた。

きっとすぐ営業先に向かうに違いない。

そんな、淡い予想は見事に裏切られた。

喫茶店で一服するだけでなく、漫画喫茶、個室ビデオ、ファミレスをはしご。合間にコンビニに立ち寄る。何を買うわけでもなく、セブン‐イレブン、ファミリーマート、ローソンと順に回っていく。コンビニで買ったコーヒーを手に、公園で一服。音楽を聴いているようで、音漏れがヤバい。それから、新宿方面に向かったので、やっと会社に戻るのかと思えば、ルノアールへ。再び『刃牙』を読み出してしまった。

サボりなのに、各コンビニを回るなど変なところに細かい。そんな気遣いを見せる前に、ちゃんと仕事して〝豪快な営業術〟とやらを見せてくれ、と心の中で叫んだ。

▼ ▼ ▼

広告業界では、有名な営業マンと聞いていたのに。

蓋を開けてみれば、高山の日常はサボりのフルコース。働くどころか、そもそも営業しない営業マンから何をどう学べというのか……。

もしかしたら、僕は鶴田さんから厄介払いをされたのだろうか。入社してから、鶴田さんは何よりも仕事を大切にする、僕の姿勢を買ってくれていたはずだ。

実際、これまでさまざまな案件に取り組ませてもらった。1年目に新人賞も取ったし、それなりの結果は出してきたはずだ。確かに、ここ最近は売り上げがパッとしない月が続いていたが……。何だか不安になってきた。

聞いたところ、鶴田さんは高山に金を貸しているという。しかも、約束した返済期限はとうにすぎているとか。借金の返済を待つ代わりに、使えない部下を押しつけたのかもしれない。

まさか。まだ20代半ばなのに、もうキャリアに行き詰まってしまったのか。絶望して、肩を落とす。高山を追う足が、歩道橋の手前で無意識に止まってしまった。

すると頭上から、からかうような声がふってきた。

「もう尾行はおしまいか？」

見上げると、歩道橋の階段のてすりに肘をついた高山がいた。サングラスをした顔がニンマリと笑う。

「明日の朝8時に、ルノアール恵比寿東口店に来るんだ。君に〝本物の営業〟ってやつを教えよう」

✔森羅万象が〝先生〟

翌日の朝。開店直後のルノアール恵比寿東口店は、すでに半分の席が埋まっていた。客のほとんどは、営業マンとおぼしきスーツ姿の中年男性だ。手帳を開いて外回りのアポイントを確認する人、商材の資料を手にプレゼンのシミュレーションをしている人、電話で上司に指示を仰いでいる人。みなそれぞれの戦いに向けて牙を研いでいる。

信頼する上司に見限られ、営業マンとして挫折した僕の目には、彼らの姿が眩しく映った。

そんな働く男たちとは対照的に、高山は目の前でノホホンとアイスコーヒーを飲んでいる。いつも通りふざけた服装で、テーブルには漫画『刃牙』。

なんて不誠実な態度なんだと、つい言葉が尖った。

「高山さん、本物の営業って何なんですか？　失礼ですけど、僕には高山さんが毎日サボっているようにしか見えませんよ」

返事によっては、今すぐアシスタントを辞めてやると思った。

「いいか……」

高山は動じる様子もなく、ゆっくりとストローから口を離す。

「確に、君の言う通りだ。俺は毎日サボっている。真面目な君の感覚からすれば、許しがたい行為だろうな」

言いながら、ズボンのポケットからクシャクシャになったタバコを取り出した。火をつけ、深々と吸って一秒後、煙を勢いよく吐き出す。

「しかしだな。『サボり＝悪』と、簡単に決めつけてしまう君のその**正義感。どうだろうか。**俺はあやういと思うぞ」

「何を言っているんですか。サボりは悪でしょう」

目の前に吐かれた煙を手で払いながら、さらに強く返す。

「昨日だって喫茶店で！　百歩譲って、経済誌やビジネス書を読むならまだしも！　漫画を読んだり、コンビニを何軒もはしごしたり……、高山さんは一日中ダラダラすごしているだけじゃないですか！」

相手が自分より一周り以上年上の経営者であることを忘れて、まくしたてた。

それでも、高山は全く動じない。背もたれに体を預けたまま、ニヤリと笑う。

「君はやさしくないな。全く偏見にまみれているよ。俺のサボりが『無駄な時間だ』と、なぜ言い切れる？」

やれやれとポケットからペンを取り出し、伝票の裏に何かを書き始めた。

「俺にとっては、漫画こそがビジネス書なんだ。そして、コンビニは経済メディアだ。

君はドラッカーやカーネギーなんかからビジネスの真髄を学んでいるんだろ？　それと同じように、俺は『刃牙』や『美味しんぼ』などの漫画から営業マンとしての心得や美学、教養を学んでいるのさ」

「じゃあ、コンビニのはしごも、世の中のトレンドやマーケティングについて探るため、とでも言うんですか？」

「当たり前だ。コンビニだけじゃない。ファミレスも個室ビデオだってそうさ。むしろ、**森羅万象、この世の全てが俺の師匠**だ。俺がいつもオフィスにいないのには、ちゃんとした理由がある。**会社に引きこもっていると、師匠たちに学ぶ機会を逸する**からだ」

高山は何かを書き終え、伝票を見せてきた。「森羅万象全てが師匠」と書かれた図がある。

僕は少し考え込んでしまった。確かに、今までそんなふうに周りの物事を見たことはない。ただ……コンビニやファミレスからビジネスのヒントを得ようとするのはまだわかる。漫画や個室ビデオからは、一体何を学ぶというのだろうか。

「……やっぱり納得できません。ただサボるための口実にしか聞こえないです」

図1　森羅万象全てが師匠！

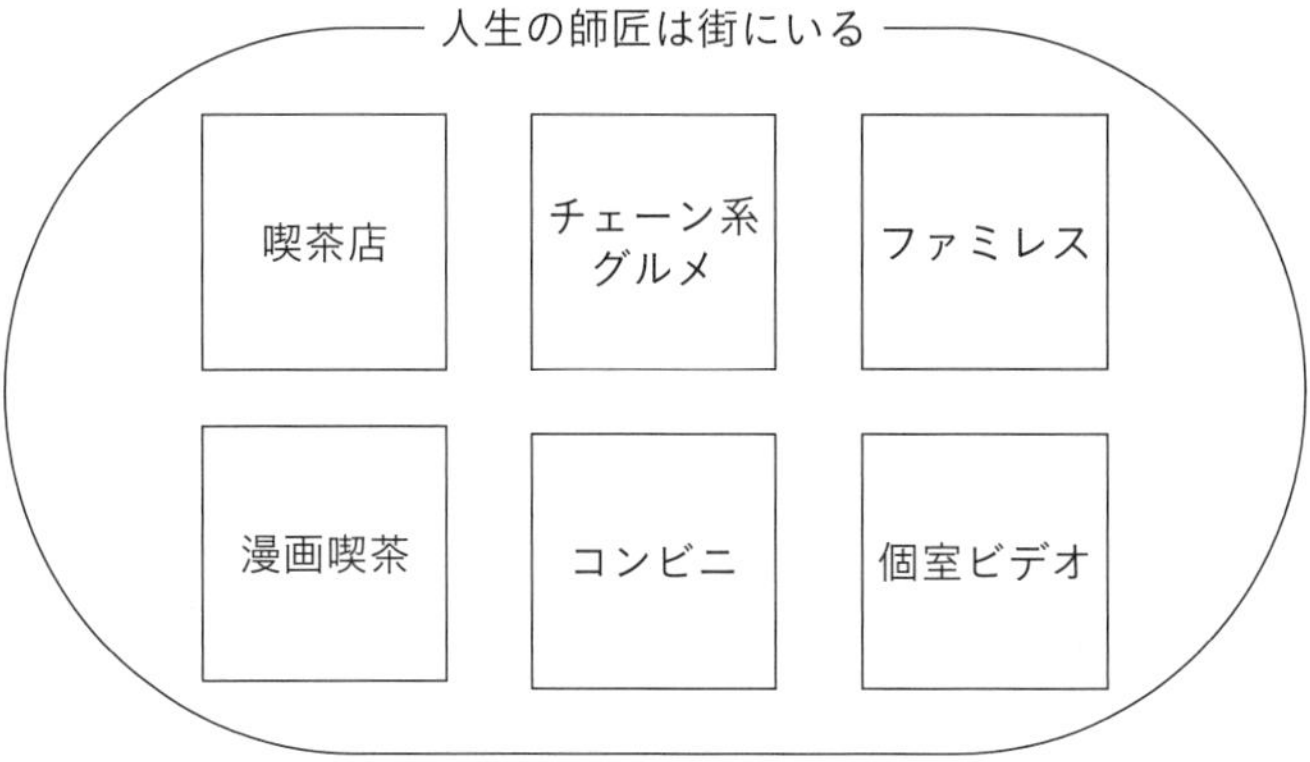

「まあ、いいだろう。君にもいずれわかるときがくるはずだ」

そう言って、高山は窓の外を見た。サングラスの奥の目は一体何を見ているのだろう。高山の言いたいことが読み取れず、僕はそれ以上何を言っていいかわからなかった。

〝正義〟だけでは営業できない

一瞬の沈黙。気まずい空気を埋めるように、高山はズゴッと音を立てて、アイスコーヒーを一口飲む。目線をグラスに落としたまま、沈黙を破った。

「君は、営業にとって、最も大事なことは何だと思う？」

「コミュニケーション能力とか、課題分析能力とかでしょうか?」

「それもある。だか、俺が言いたいのはもっと〝根本的なこと〟だ」

「根本的……って何ですか?」

高山は急にサングラスを外し、まっすぐに僕の目を見て言った。

「〝やさしさ〟だよ。**営業マンは、やさしくなければ務まらない**」

「やさしさ、ですか?」

突然、真剣な様子の高山に一瞬戸惑う。

「そうだ、やさしさだ。取引先にはいろんな価値観を持った人がいるよな? 担当者の性格も、置かれた立場も、その日の機嫌もそれぞれ違うだろ」

高山はタバコの火をもみ消して、灰皿をテーブルの脇へ押しやった。こちらへきちんと向き直る。

「**営業の基本は、そんな千差万別の人間のあり様を理解すること。**そして、相手に合わせて適切なアプローチを選ぶことだ。**自分のやり方や考え方だけが正義だと思い込んでいたらダメだ。**打ち手を間違えてしまう」

「……まあ、それはそうですね」

唐突にまともなことを言われてしまった。うなずくしかない。

「そして、**人間に対する根本的なやさしさがなければ、多様な人間のあり方に思いをはせることは難しい。**やさしさのない雑なプロファイリングに基づくアプローチ。そんなものは、ウザイだけだ」

言いたいことはわかる。でも、「君はやさしさに欠ける人間だ」と遠回しに言われたようで、面白くない。

「お言葉ですが、僕だって人並みの洞察力は持っているつもりですよ。相手の性質や立場とか、状況を想像する力だって……」

「ふん。果たしてそうかな。君は、就業時間中に喫茶店で『刃牙』を読んでいた俺のことを『イカレた不良おやじ』だと、軽蔑したんじゃないのか？」

一瞬言葉に詰まる。そこまでではないが、褒められたものではないと思ってはいた。

「だが、それは違う。君が『刃牙』の凄さや深さを知らないだけだ。ちゃんと『刃牙』を読んでいて、仕事に有益な書物であることを知っていたならどうだ？　俺がいかに質の高いインプットをしていたか理解できたはずだ」

高山はまっすぐにこちらを見ている。ふざけたり、ウソをついたりしているわけではないようだ。もしかしたら、あながち間違いではないのだろうか？　仕事とは関係ない単なる遊びに、何か大切なことがあると言うのだろうか？

✔本物のやさしさは〝知識〟から生まれる

高山は続ける。

「君がちゃんと〝知って〟いたら、俺を怠け者として切り捨てなかっただろう。つまり、**知識はやさしさの源泉になる**ってことだ」

テーブルの上の『刃牙』を手に取って見せながら言う。

「君に『刃牙』の知識があれば、別の考えをすることができたんじゃないか？　俺がこの漫画から何かを得ようとしていたかもしれない、と思い至ることができたんじゃないか？　少なくとも〝無駄な時間〟だなんて、残酷に切り捨てたりはしなかったはずだ。ついでに言うが、君は『美味しんぼ』も読んでいないんだろ？」

「確かに読んでいませんけど……」

「やはりな。もし、君が『美味しんぼ』を読んでいれば、この対話もいくらか和《なご》やかなものになったはずだ。なぜだかわかるか？」

「わかりません……」

「つまりだ。俺が〝本物の営業〟を教えるために君を呼び出したのは、『美味しんぼ』の主人公の山岡さんのパロディなのさ。ところが、君はいつまで経ってもツッコんでこない。俺は悲しかった……。**君の知識不足が、一つのボケを殺したんだ。**相手のボケを見落とすなど、営業マンとしてあってはならない」

……さっぱりわけがわからない。何かいいことを言っているようだが、やっぱり無茶苦茶な話だ。

でも、どこか申し訳ない気持ちになってもいる。悔しい。間違っているのは自分なのかもしれない。だんだん頭が混乱してきた。

高山の弁舌は止まらない。今度は、伝票の隅に「営業の基本はやさしさ」と書き出した。

「いいか。繰り返しになるが、営業マンはやさしくなければいけない。そして、**そのためには街へ出て、幅広い情報や知識を得る必要がある**」

高山は店内から窓の外まで、ぐるりと手で指しながら言った。

図2　営業の基本は“やさしさ”

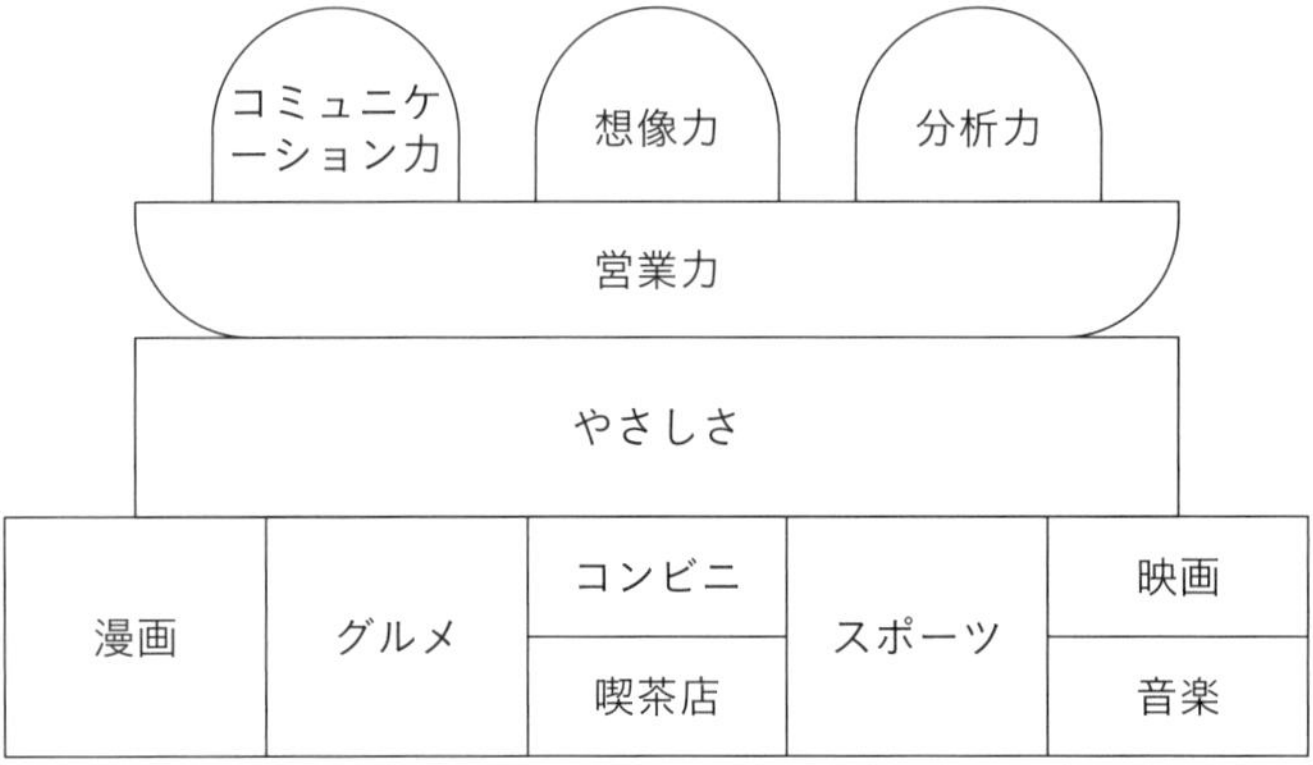

「営業マンはルノアールで漫画を読み、個室ビデオの客層や作品のラインナップを観察し、吉野家と松屋の牛丼の違いを分析し、コンビニスイーツの進化に思いをはせないとならん！　とにかく、めちゃくちゃ忙しいんだ！　**仕事なんてしている場合じゃない！**」

✔大切なのは〝時間〟でなく〝結果〟

ドンッ！

サボりへのこだわりを語り終え、高山はテーブルを叩いた。一瞬勢いに押されかけたが、ここで引き下がるわけにはいかない。

「つまり、高山さんは仕事のためにサボっていると。でも、肝心の営業活動がおろそかになってしまったら、本末転倒じゃないですか」

「もちろんだ。営業はちゃんとやる。ただ大事なのは、仕事をした〝時間〟じゃなく〝結果〟だ。逆に言えばな。**ちゃんと売ってさえいれば、サボっていようが、遊んでいようが、そこまで怒られる言われはない**」

高山は顎ひげをなでた。伝票にはいつの間にか、「サボりながら結果を出すサイクル」という図が追加されている。

確かに、高山は今まで結果だけは立派に残しているようだ。新卒で入った不動産投資会社時代から圧倒的な営業成績を収め続けたという。その後、インターネット広告会社のアドウェイズでもトップ営業マンとして活躍。若干30代で、中国支社の営業統

図3　サボりながら結果を出すサイクル

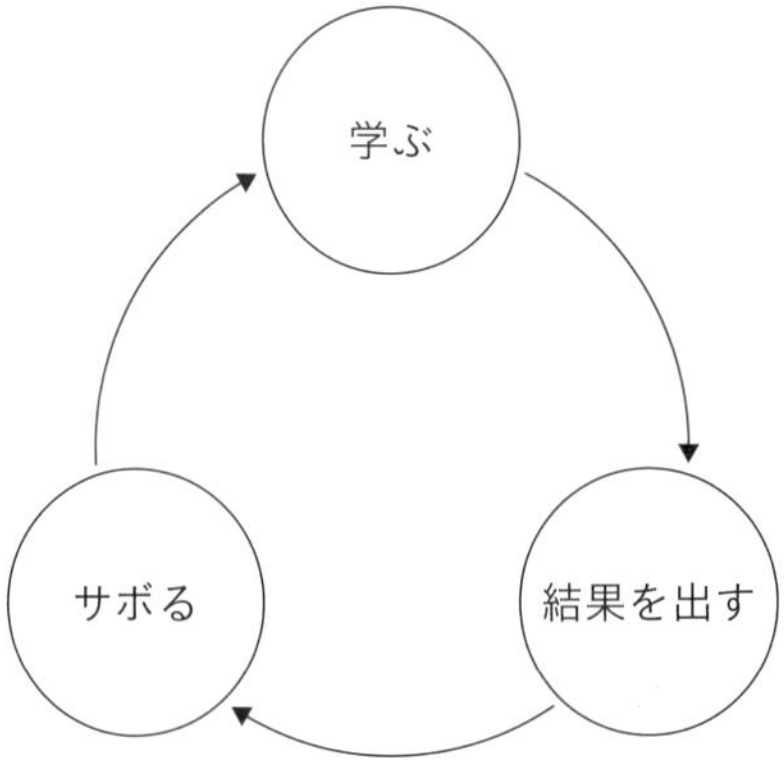

括本部長にまで上り詰めている。そして今は、株式会社おくりバントの社長だ。

仕事って一体何なのだろう。営業とは？　サボりとは？

今まで常識だと思っていたことが覆《くつがえ》され、いろいろな疑問が湧いてくる。

高山は伝票をわしづかみにすると、席を立った。

「全てはサボりのためさ。**サボり時間を確保するために、俺は今まで短い時間で結果を出す**ことを常に意識してきた」

そして、レジに向かおうとして背を向けた。と思ったら、急に振り返り『刃牙』を片手に得意げに言い放つ。

「そうして余った時間で存分にサボってきたんだ。さらに、**サボリの中で多くの学びを得ることで、より営業力に磨きをかけてきた。**気づけば〝売りながらサボる〟という境地に達していたというわけさ」

以上と締めくくると、高山は支払いをすませ、店を出て行ってしまった。

サボることで結果を出し、結果を出すことでサボりを正当化させる。

高山流営業術の極意は、どうやらこのサイクルにあるようだ。

僕は「何だかよくわかりませんけどね」と毒づきつつも、鞄からメモ帳を取り出す。

- 営業マンは人にやさしくあるべき
- 営業マンの教養は街で身につける
- サボりが結果を生む

つい、いつものクセでメモを取ってしまったけど、ちゃんと役に立つだろうか。

2限目 サボり場で学べ

街中で垣間見える〝人生の断片〟

翌朝、僕は再び喫茶室ルノアール新宿ハルク横店にいた。手には、あの『刃牙』。

高山の妙な営業論を間に受けたわけじゃない。

ただ、「物事の神髄《しんずい》をわかっていない」などと、言われっぱなしで引き下がるのは癪《しゃく》だ。それに、試してもいないのに否定するのも何だか違う気がした。

それに、もしかしたら……。これを機に、鶴田さんが言っていた、自分に欠けている〝何か〟が得られるかもしれない。高山の行動は理解できないことばかりだ。でも、僕自身、今のままでいいと思っているわけじゃない。

僕は、昨日の高山の行動をマネしてみることにした。

でも、いざ『刃牙』を読み始めたものの、ちっとも内容が頭に入ってこない。普段なら今頃メールをチェックして……と仕事とサボりの間で葛藤《かっとう》してしまう。

アイスコーヒーを飲み干し、頭を切り替えようとする。

ああ。やっぱりこんなこと……僕には無理だ。

そこへ、高山がふらりと入店してきた。相変わらずド派手な格好だ。

帽子のロゴはHONDAから出前館に変わっていた。こんな服、一体どこで手に入れられるのだろう。今日は午後から商談と聞いていたが、まさかこの珍妙なスタイルで臨《のぞ》むのだろうか。ふざけた人だ。ビジネスマナーのかけらもない。

僕のとげとげしい視線が刺さったのか、高山はこちらに気づくと斜《なな》め向かいの席にどっかりと腰を下ろした。テーブル上の『刃牙』を見て笑う。

「フフ、いい心がけじゃないか」

「冗談じゃないですよ！」

僕は反射的に言い返していた。顔が熱くなる。

「やっぱり、高山さんはおかしいと思います。そもそも、漫画が営業に必要なインプットと言うなら、会社で堂々と読めばいいじゃないですか？　わざわざルノアールに来るのは、やっぱり後ろめたい気持ちがあるからでしょう？」

でも、高山は動じない。

「俺は漫画を読むためだけにルノアールに来ているわけじゃない。昨日、会社を一歩出たら森羅万象が師匠と言ったろ。中でもルノアールは特に学びの多い場所だ。なぜなら……」

高山は隣の席に視線を移した。そして、急に何か思いついたような顔をした。

「まあ、いい。俺は忙しいんだ！　君と議論しているヒマはない」

高山はペーパーナプキンに何やら書き殴り、止める間もなく出て行ってしまった。

僕は高山が残したメモを見る。

「隣席の会話を聞いてみろ」

隣にいたのは、二人の女性客。手前に座っているのは、おそらく30代。奥に座っている方は、50歳は超えているだろうか。服装などから察するに、スナックのママと従業員という関係らしい。

手前の若い従業員らしき女性が、コーヒーカップを両手に持って見つめたまま切り出した。

「ママ……。あの後、エリちゃんから連絡ありましたか？」

「ないわね。1回もない」

ママが天井を見て、ため息をついた。

「まあ！　スナック勤めはウチが初めてって言うから、ママがイチから手取り足取り教えてあげたのに。困ったもんですね、あの子も……」

不穏な空気が漂っている。エリちゃんは一体何をやらかしたのだろう。

「別に、お金のことはいいのよ。たかが3万円だし。でもね、電話やメールの1本でもよこしてくれたら……ね」

「わたしからも『ママが心配しているよ』ってLINEしてみましょうか？」

「悪いけど、そうしてもらえる？　無事さえ確認できたら、それでいいから。10年以上のつき合いなのに、3万円ぽっちでこれっきりだなんて、ねえ。……貸したんじゃなくて、あげたことにするから、3万円」

「ママ……」

沈黙が訪れ、店員がお茶を運んできた。

「たかが」という割には、貸した3万円に執着《しゅうちゃく》しているような……。手塩にかけて育てたエリちゃんへの情と返ってこない3万円の間で揺れる、ママの割り切れない思いがそこにはあった。

✔カフェのサボりで得られること

短いやりとり。その中にママとエリちゃんを取り巻く、さまざまな背景が透けて見える。何だかドラマを見ているようだ。

僕は思わず、一連の出来事を誰かに話したくなった。携帯電話を取り出し「ルノアールで見た人生の一場面」として、ツイッターに投稿する。

すぐに、高山から「いいね！」がつき、「店を出ろ」とＤＭが届いた。急いで店のドアを開けると、高山が待ち構えていた。

「どうだった？」

「何と言うか……濃かったです」

「そうだろう。あれがルノアールなんだ」

「どういうことですか？」

僕の問いには答えず、高山はニヤリと笑う。

「とりあえず、オフィスに戻るぞ。話はそれからだ」

▼▲　▼▲　▼▲

高山いわく、ルノアールは〝人生の縮図〟。単なるビジネスマンの休憩所ではない。身の上話、別れ話、打ち明け話など、さまざまな〝深く〟〝重い〟会話が繰り広げられる場所なのだ。

「営業するためには『世の中にはいろいろな人がいる』ことを知らなきゃならん。それを学ぶ上で、ルノアールはこれ以上ない教材だ。それに、それぞれの人生が垣間見えるだけではない」

「いろんな人の話が聞けるのはわかりましたけど、教材とまでは……」

「何か言ったか？」

「い、いえ、何も……。他にも何か学べるんですか？」

「実践的な営業のスキルも学べるのさ。ルノアールでは、保険の勧誘や金融商品の売り込みなど個人向けの商談から上司と部下の攻防まで、さまざまなやりとりが店中で繰り広げられている。〝営業の戦場〟でもあるんだ。つまり、**営業マンに必須の学びが凝縮されている**のさ」

「言われてみれば、僕が行くシアトル系カフェで、ああいう話はあまり聞けない気がします。一体、ルノアールにどんな秘密があるんですか？」

そのとき、サングラス越しの高山の目が鋭く光った気がした。

高山は「これは俺の主観だがな……」と前置きして語り出す。

「なぜ、ルノアールには〝込み入った話〟が集まるのか。理由はいくつかある。まずは何より圧倒的な快適さだ」

「快適さですか？」

「そうだ。特に、椅子の柔らかさは喫茶店界でトップクラスと言っていい。普通、喫茶店は客を長居させないために、椅子を硬くするものだ。回転率が命のビジネスだからな。だが、ルノアールは違う。これは『ずっと居てください』『リラックスしてください』という、経営陣のメッセージなんだ」

本当かよ……と口を挟みたくなったが、高山の熱弁はその隙を与えない。

「また、店舗にもよるが、ルノアールは椅子とテーブルがゆったり配置されていることが多い。客同士のソーシャルディスタンスが広く取られている。そのため、パーソナルな話をしやすいんだ。俺のようにわざわざ聞き耳を立てる奇特な客も、そういないだろうからな」

変なことをしているという自覚はあるようだ。でも、ツッコめない。

「そして、客層もポイントだ。ルノアールは他のカフェよりもやや値が張る。そのため、客の年齢層が高い。つまり、人生の先輩方の経験談や思想を学べるわけだ」

「と言うと……？」

「さっきのママだってそうだろう。スナックのママと言えば、30年、40年とお客さんの相手をしながらお店を経営してきた、人生そして仕事のプロだ。そんなプロの苦労話なんて、そうそう聞けるもんじゃない。他にも、**ルノアールに集まる賢者たちは、いろんなことを教えてくれるぞ**」

全て憶測じゃないか！　でも、それなりに筋は通っている。

僕はママたちのやりとりを思い返してみた。

確かに、あの会話を聞きながら「10年の関係も、結婚式1回分のご祝儀くらいのお金で亀裂が入ってしまうのか……。お金の切れ目は縁の切れ目って本当なんだな」と人生についてぼんやり考えていた。

それに、あのスナックのママはエリちゃんへの親心を見せることで、従業員の女性を通して、エリちゃんとの関係と3万円をどちらも穏当に引き出そうとしていた。すごい話術だ。見習わなければ……と感心するのはちょっと行きすぎかもしれない。

それにしても、高山が何でもロジカルに説明できるのは、日頃の観察と分析の賜物《たまもの》なのだろう。そこは素直に感心した。

「ついでに言うと、サービスのお茶にもルノアールの姿勢が現れている。お茶が出てきたとき、君は何か気づいたことはないか？」

お茶か。改めて状況を思い返してみる。お店の様子、周りのお客さんの表情、店員さんの動き……。

「そう言えば、会話が途切れたタイミングでお茶が出てきたような……」

「その通りだ！　なかなか筋がいいぞ」

そんなに重要なことだろうか？　よくわからないが、褒められて悪い気はしない。

「おそらくだが、ルノアールの従業員はその点も教育されている。大事な話や深刻な話をしているときはそれを察知し、絶対に割って入ってこない。会話の邪魔にならないタイミングを見計らって、お茶をサーブしてくれるんだ」

「それは深読みしすぎじゃ……」

「商談において、まとまるかどうか大詰めの話をしているときは、ささいなことも命取りだ！　極端に言えば、それこそ風が吹いただけで破断になってしまうことだってある」

そんな大げさな……。

「そんなギリギリの緊迫感を察してくれるのが、ルノアールだ。だから、営業マンに選ばれる。クレジットカードだって使えるんだ！　もはや喫茶店ではない！　ビジネスパートナーだっ！　ちなみに、アドウェイズの岡村社長もそう言っている」

ちょっとオーバーな気もするけど、アドウェイズの社長が言うなら……。高山の熱弁に押されて、僕は一応メモを取る。

・ルノアールはビジネスマンの優秀なパートナー

「ちなみに、佐藤さんという先輩の営業マンから聞いた逸話がある。彼がルノアールで商談をまとめたときのことだ。取引相手が店を出たタイミングで、従業員からすかさずお茶が出た。そして、『おめでとうございます』と祝いの言葉をかけてくれたと言うんだ。いい話だと思わないか？」

サングラスをはずし、目頭を抑える高山。本当に泣いているのか？

高山はおもむろに背を向け「全て、**俺独自の観察と情報収集、および分析から導き出した結論だがな……**」と言い残すと、オフィスを出て行った。

次のサボり場へと向かうのだろうか。その背中は、自信に満ち溢れていた。

高山は毎日ただ喫茶店で漫画を読んでいただけではなかったのだ。ルノアールでサボるというのも、さまざまな喫茶店を渡り歩き、周囲を観察して得た結果なのだろう。

僕は喫茶店の観察ポイントを図にまとめてみた。

身の周りにある物事を何でも見つめて、自分なりの結論を出す。

高山の理論はこじつけのような気もするけれど、今まで通りすぎてきたことを見つ

図4　周りの全てを観察する

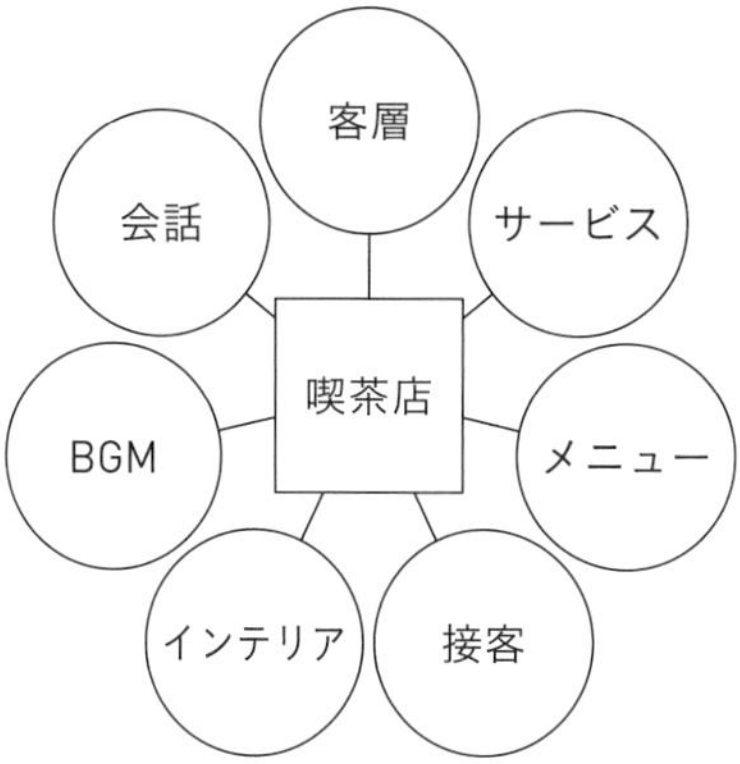

め直し、自分なりに物事を考えるきっかけを与えてくれたように思った。

✔本物の〝教養〟とは

あれから数日。ルノアールに興味が湧いた僕はいろいろと調べている。

ルノアールについてネットで検索し、都内にあるいくつかの店舗へ足を運んでみた。その結果、いろいろわかったことがある。

もとは煎餅屋の喫茶部門から独立したこと。だから、コーヒーを頼むと温かいお茶が出ること。店舗によって内装や音楽が異なること。中にはキーマカレースパゲッティやピザトーストなどの独自メニューを展開するお店もあることなどなど。

ルノアール巡りからオフィスに戻ると、僕はそれらの情報をエクセルに細かくまとめ、高山にメールした。

ここまでしっかり調べたんだ。これで、僕のことを見直すに違いない。

しかし、高山の評価は辛かった。返信メールには「60点」とだけ書かれている。

納得できない！　毎日ルノアールについて調べまくり、フィールドワークを行ってきた。むしろ、高山より何倍も詳しくなったと思う。

「あとの40点は、何が足りないんでしょうか？」

怒りを抑えて返信すると、何とも挑発的なメールが届いた。

「**お前は、うわべの知識をなぞっているだけだ**！　俺からマウントを取るために、ずいぶんと情報を貪《むさぼ》ったようだが、まるで体重が乗っていない。話にならんよ」

なんて腹の立つ言い方だ。ただ、僕の呼び方が「君」から「お前」に変わっている。少し距離が縮まった気がした。

「まあ、お前の進歩は認めよう。マジメにサボっているようだしな」

確かに、ここ数日はほとんど仕事をしていない。ルノアール調査に没頭するあまり、自然にサボっていた。営業マンとして進歩しているかどうかは怪しいが……。

いや、そんなことより知識の話だ。パソコンの画面に目を戻す。

「いいか、**お前の知識には〝背景〟が備わっていない。**だから、いかにも上っ面だけの、浅いウンチクに感じられてしまう」

……〝背景〟？

「例えば、複数店舗を回り、独自メニューの存在を突き止めたところまではいいだろう。だが、なぜそこで歩みを止めてしまうんだ？　**〝その先〟を知りたいと思わないのか？**」

その先って、何なんだ。さっぱり意味がわからない。腕組みしていると、後ろで声がした。振り返ると、巨大なヒゲ男が仁王立《におうだ》ちしている。

「どうして独自メニューがあるのか、疑問に思わないのかってことだよ」

高山だ。珍しくオフィスにいたらしい。

そのまま会議室に連行され、ルノアール講義は続く。高山はホワイトボードにこう書いた。

・〝独立系（残党系）〟

「ルノアールには本部から独立し、独自資本でやっている店舗が数店ある。俺の仲間内ではそれらを〝独立系ルノアール〟と呼んでいる。あるいは、なんか残党っぽくてかっこいいので、敬意を込めて〝残党系〟という言い方もする」

「そんな勝手に名前をつけて……」

「いいじゃないか。これら独立系は、ルノアールの店名だけ引き継ぎ、メニューもサービスも全く別の進化を遂《と》げている。つまり、お前が独自メニューを発見した店舗がそうだ。ちなみに、この間お前を呼び出した恵比寿東口店もお仲間だ。しかも1号店だぞ」

「そんな特別な店だったんですね……」

確かに、そこまで詳しく知っていれば、より深い話ができたかもしれない。

「まあ、確かに『独自メニューがある』だけでもマス向けの情報としては悪くない。だが、それだけだと表面的だ。ある程度ルノアールに通っている人なら気づいているだろう。真のルノアール好きが語り合うときのレベルとしては、やや物足りないのさ」

図5　情報が知識、そして教養になるまで

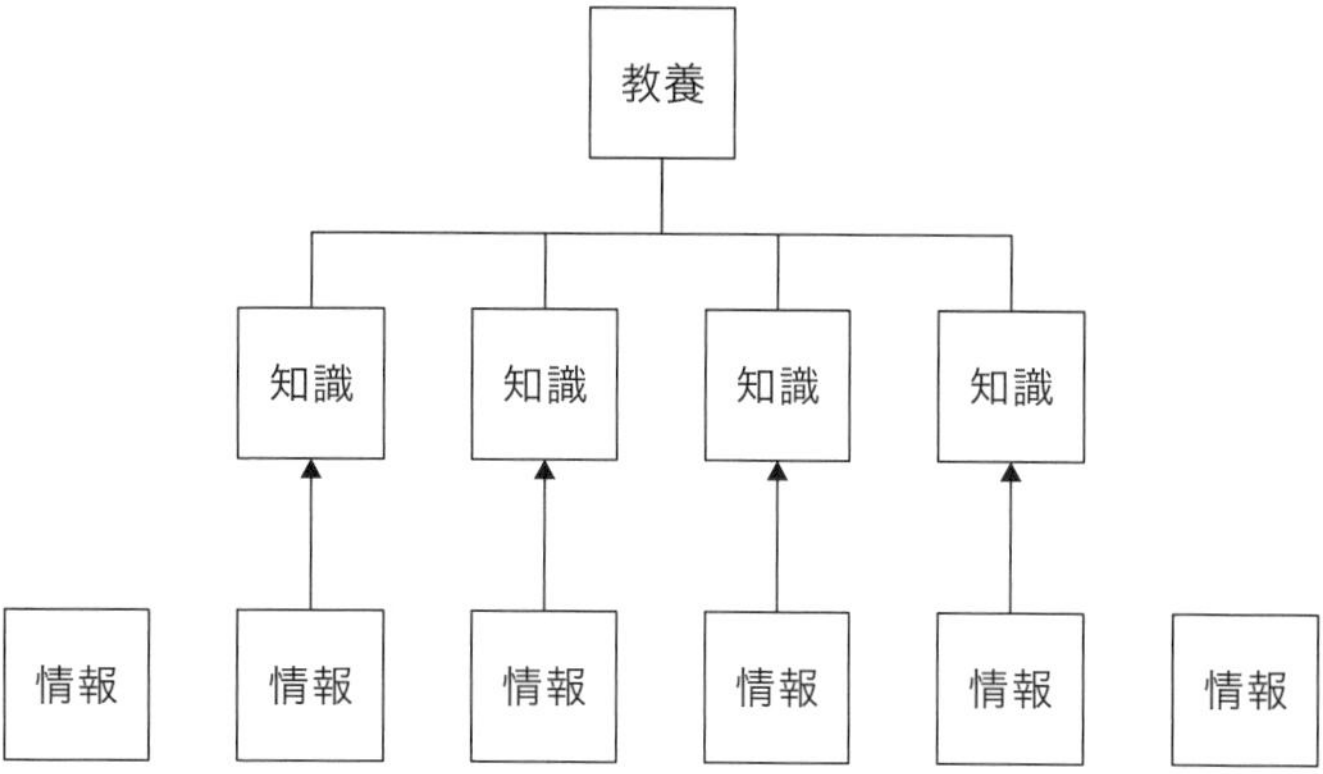

珍しく優しい言い方だ。

「それに、**一番は『喫茶店』の利用客の視点しかない。ビジネス的な視点がないんだ。**だから、営業先の経営者やビジネスマンを唸《うな》らせることはできない。つまり、ウンチクではあるが、残念ながら〝教養〟のレベルには達していないということだ」

高山は笑顔を見せ、僕の肩をポンと叩いた。でっかく、温かい手だった。

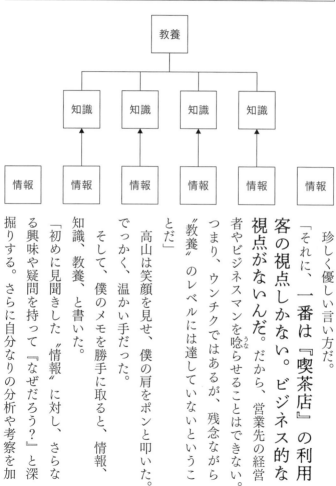

そして、僕のメモを勝手に取ると、情報、知識、教養、と書いた。

「初めに見聞きした〝情報〟に対し、さらなる興味や疑問を持って『なぜだろう?』と深掘りする。さらに自分なりの分析や考察を加え、説得力のある〝知識〟として強度を上げていく。それをあらゆる分野で繰り返し、知識同士が結びついて〝教養〟になるんだ」

「教養、ですか？」

「そうだ。**幅広い教養は己を助けてくれる。**上司や取引先の偉い人に面白がってもらえるし、『こいつは物事を深く考えることができるやつだ』と一目置かれるかもしれない。あるいは、不安なとき、気分が優れないときでも、教養があれば相手に合わせてなんとか場を盛り上げる程度の話はできるだろう。さらに、イヤな上司に対して心の中で『お前より教養がある』とマウントを取り、精神の安定を保つことができる」

高山はもう一度僕の肩を叩いて言った。

「つまり、**教養というのは営業マンにとっての武装なんだよ。**さっきのお前のエクセル、あれでこの世界の猛者《もさ》たちと戦えると思うか？」

そうか……。僕が今まで集めていたもの、立派な教養だと思っていたものは、ただの情報もしくは知識止まりだったのだ。頭を軽く殴られた気がした。

でも、僕は少し感動していた。

初めはただ喫茶店のメニューの話をしていたはずだ。それが、ちゃんと仕事論に着地するとは。まあまあタメになる話じゃないか。

きっと、この人はこの人なりに、僕を導こうとしてくれている。結果、どこにたどり着くのかはわからない。

でも、僕は少しだけ高山のことを信用してみたくなった。

✔サボりを極める意義

翌日、仕事を終えた僕は南青山のモルトバーにいた。カウンターの席で、隣には上司の鶴田さんがいる。

「現状のご報告をかねて、飲みに行きませんか？」と連絡したのだ。

でも、本当の目的は高山について詳しく聞き出すこと。報告もそこそこに、本題へ切り込む。

「鶴田さんは、高山さんとどういう関係なんですか？」

「ああ、高山は昔の同僚なんだ」

そう言って、ロックのウイスキーを一口含む。

「あいつと働いて、驚いただろ？　まあ、若い頃からあの調子で、隙あらばサボっていたよ」

苦笑いを浮かべつつも懐かしそうに語り、長い指でウイスキーを傾ける。相変わらずスマートな動作だ。


僕にとって〝かっこいい大人〟と言えば、この人だった。

まさに温厚篤実《おんこうとくじつ》といった人で、誰に対しても優しく、周りから頼りにされている。

以前、鶴田さんは僕のことを四角四面と言った。でも、彼こそ生真面目を絵に描いたような人だ。僕はそんな鶴田さんを目標にして、一歩でも近づきたいと努力してきたのだ。

「あんなにサボってばかりで、よく会社員が務まりましたね」

「ホントだよな……。でもな、バカ真面目でもあった。あいつはサボるためには〝誰よりも売らなければいけない〟ことを、ちゃんと理解していたんだ」

「それ、高山さんからも聞きましたよ。誰よりも結果を出し、サボりを認めさせてきたって。でも、いくら営業成績がよくても、あれほどおおっぴらに仕事をしていないことが、見逃されるものなんでしょうか?」

「高山も、ハナから全面的にサボっていたわけじゃない。**徐々に徐々に、計画的にサボりの時間を増やしていったん**だ。まずは外回りの予定に30分だけサボりを組み込む。得意先の訪問後、30分だけ漫画喫茶に行くといったようにな。それくらいなら、商談が長引いたとかなんとか、適当な言い訳ができるだろ?」

今日の鶴田さんはやけに饒舌《じょうぜつ》だ。なぜ、他人のサボりにこうも詳しいのか。

「ただし、その**30分間は全力でサボり、それ以外の時間は猛烈に営業するんだ**。入社したばかりのうちは、なかなかサボり時間が満足に取れないだろう。自分の中に、人脈や情報源といった大したリソースがないから、がむしゃらに働いて契約を取りに行くしかない」

あの高山が〝がむしゃらに〟働く姿を想像するのは難しかった。

「その後は、成績が上がるにつれて、サボりの割合を増やしていくんだ。すると、**サボりの中で得た学びによって営業力が磨かれ、短い時間で結果を残せるようになる……**ということらしい」

図6　サボり時間と結果の関係

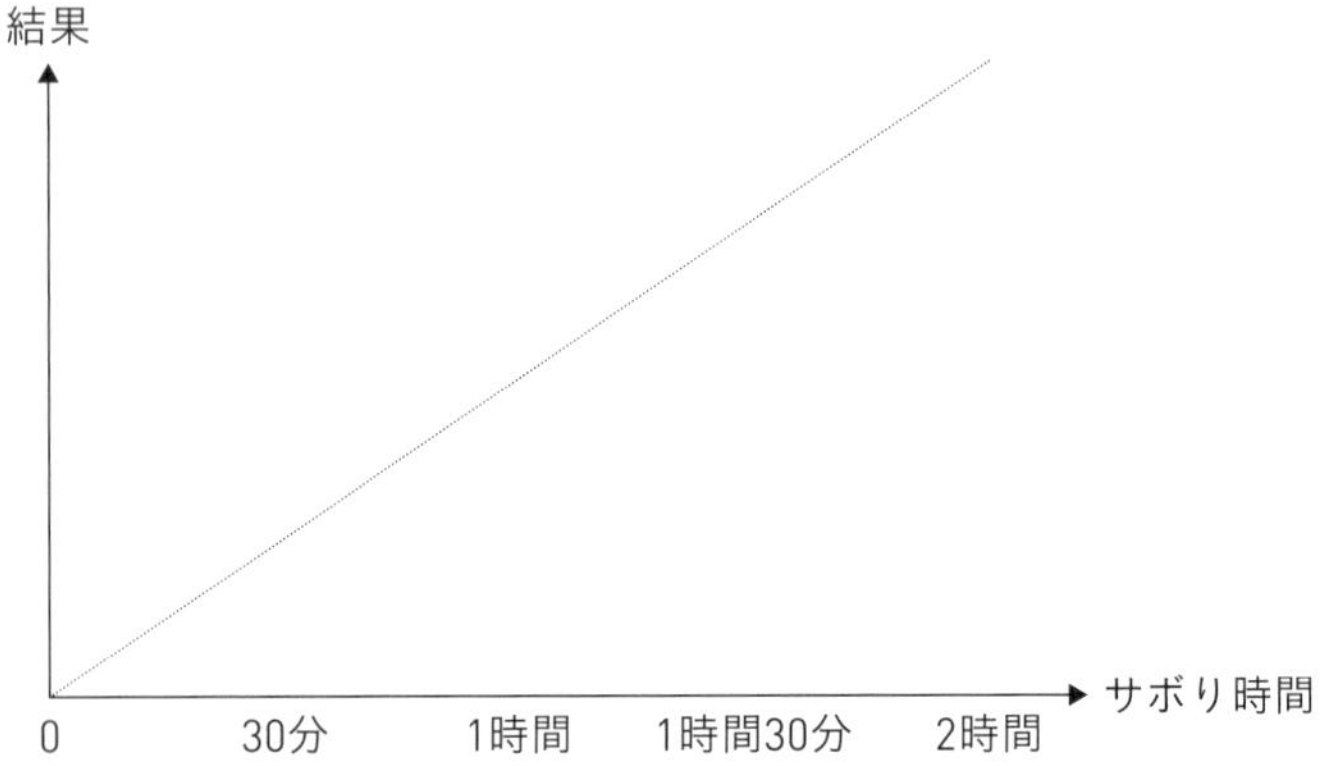

そしていつしか、〝サボりながら売る〟の境地に至る。僕は高山の言葉を思い出していた。サボり時間と結果の関係の図をこっそりメモに残す。

「そのうち、会社にほとんど帰ってこなくなる。周りも異変に気づいて『あの人、外で何やってるんだろう？』と思うが、結果が出ているから強くは言えない」

確かに、あの会社では高山が朝からいなくても、誰も気にしていない。

「そこまでいけば、しめたもんだ。いずれ上司も『あいつは会社にいても力を発揮しない。ある程度、自由を与えた方が結果を出すようだ。……だから、ほっとこう』と考えるようになるだろう。自分がお膳《ぜん》立《だ》てしなくてもた

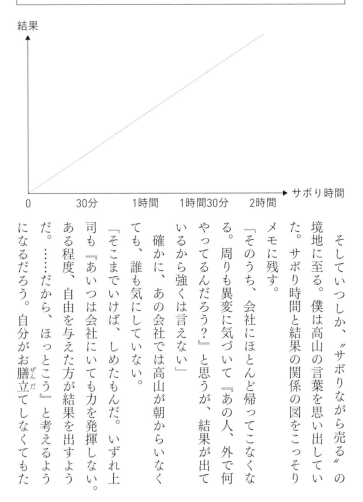

くさん売ってくれるなら、上司としてこんなにラクなことはないからな」

さすが鶴田さんだ。サボりの極め方を、わかりやすく解説してくれる。そんなうまいことといくかは少し疑問だけど。

でも〝会社員の良心〟みたいな鶴田さんから語られると……。僕は何だか違和感を覚えていた。

✔〝好き〟を極めて説明力を上げる

僕はおそるおそる聞いてみた。

「あの……なんでそんなに詳しいんですか？」

鶴田さんは、フーッと息を吐く。そして、少し恥ずかしそうに告白した。

「実は俺も、若い頃は高山に感化されてな……」

まさか……。やめてくれ！

「当時は、ずいぶんサボりに精を出したもんだ」

「えっ……」

「フフ、幻滅したか？」

「そんなことは！　でも正直、意外です。鶴田さんは、高山さんと真逆の方だと思っていたので……」

僕は慌ててハイボールを口に含んだ。

「俺だって、そうそう清廉潔白《せいれんけっぱく》な人間でもないよ。今は立場もあるから、それなりに見栄えのいい体裁を意識しているだけでさ。それこそ20代の頃なんて、高山と競い合うようにサボっていたぞ」

そんなもの、切磋琢磨《せっさたくま》しなくていい。勤勉な仕事ぶりを尊敬していた上司から、しょうもない武勇伝《ぶゆうでん》は聞きたくなかった。

「まあ、聞いてくれ。あの頃の俺たちは思い思いにサボり、定期的に集まっては互いのサボり場のネタを共有していた。例えば個室ビデオだ。あいつは金太郎花太郎派で、おれは宝島24派だったから、それぞれの良さを語りあったりしてな」

鶴田さんの口から「個室ビデオ」の単語が飛び出すとは……。

「でもな、〝好き〟を説明するって、実は意外と難しいんだ。ただ『好き』じゃ伝わらない。**相手に合わせた伝え方が必要なんだ。**おれは魅力をちゃんと伝えたいから、より注意深く宝島24を観察したよ。そうやって、観察力やプレゼン力を鍛えたもんだ」

鶴田さんは鞄から手帳を取り出し〝好き〟を分析するためのチャートを描き出した。

「すみません、鶴田さん。できれば個室ビデオから離れてもらえると……」

「ああ、すまん、すまん。まあ、要するに営業も同じなんだ。自分が扱う商材について うまく説明するのは、営業マン必携のスキルだろう。だが、それはビジネス書をいくら読み込んだところで上達するもんじゃない」

「確かに、ビジネス書によくある〝ナントカの法則〟みたいなメソッドって、自分の商品やお客さまに置き換えるとなかなか使えない、っていうこともありますよね」

「そう。だからサボるんだ。**観察し、分析し、説明する地力をサボり場で培うんだ。**頭のいいお前はわかっていると思うが、ただ何も考えずに怠けるだけの〝後ろ向きなサボり〟を推奨しているわけじゃないぞ」

鶴田さんは、まっすぐ目線を合わせてきた。

「無理にでも時間を作り、**頭を使いまくって〝前向きに〟サボれ！** そうすれば、お前は殻を破れる。もっともっと素晴らしい営業マンになれるんだ！」

図7　“好き”から説明力を上げる

「なぜ好きなのか？」を分析する

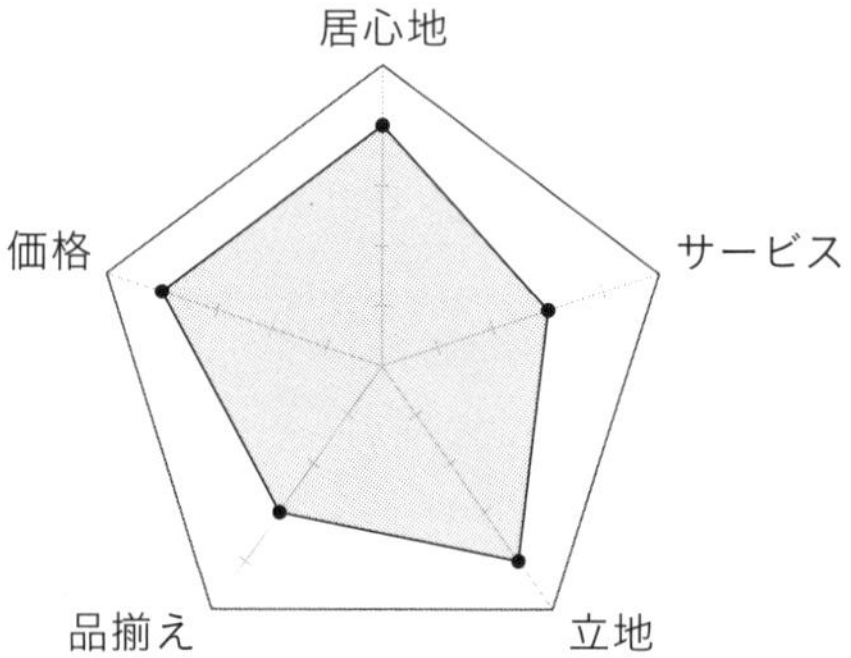

酔っているのだろうか。こんなに熱い鶴田さんは見たことがない。

正直、ショックだった。鶴田さんが高山みたいにサボっていたなんて。

けれど、クレバーな上司像を壊してまで、鶴田さんがこんな話をしてくれたのは、僕の成長を心から願ってくれているからだろう。

その親心に報いなくては。

▼　▼　▼

個室ビデオというのは、この時間でも開いているのだろうか？　鶴田さんと別れた僕は、スマホで最寄りの宝島24を検索した。

「ホテルがライバル」らしい宝島24は、意外と近くでやっているようだ。

3限目 めしについて語れ

三度の飯より〝朝定〟？

株式会社おくりバントのオフィスは西新宿にある。僕が住む笹塚のアパートからは電車で20分ほどで着く距離だ。

おくりバントに定時はないが、僕はいつもの習慣で毎朝8時頃に自宅を出て、8時半までには出社している。静かな社内でメールや予定をチェックし、業務に備えるのが僕のルーティンだ。社会人として、始業前に準備をしておくのは当然だろう。

ちなみに定時がないのは、朝が弱い社長、つまり高山の意向によるもの。この会社における法の全ては、高山が存分にサボるためだけに存在している。どこまでも世の中の常識に逆らう気なのか。

▼▼▼

でもその日、僕は盛大に寝すごしてしまった。出社したのは10時すぎ。ここ数日間、退社後に個室ビデオ巡りをしていたせいで、寝不足がたたったのだろう。

とりあえず一息つこう。コーヒーを入れに給湯スペースへ行くと、高山の姿があった。見知らぬ誰かと談笑している。

高山は僕を見つけると、のんびり声をかけてきた。

「よう」

「遅れてすみません！　あの、こちらの方は……」

「ああ、蠣田《かきだ》さんだ。おれの友人であり、〝朝定エージェント〟でもある」

「朝定……エージェント？」

折り目正しくスーツを着こなす蠣田さんは、至って真面目なビジネスマンに見える。朝定エージェントという、妙な肩書を除けば。

「はじめまして。蠣田と申します」

差し出された名刺にもちゃんと「朝定エージェント」とある。脇には、「一日三食、朝定が食べたい」と添えられていた。

「ところで真部さん、朝ごはんは召し上がりましたか？」

「いえ、今朝はバタバタしていて食べそこねちゃって」

「じゃあ、今から一緒に食べに行きましょう。おすすめの〝朝定〟があるんです」

「えっ！　でも、もう10時半ですよ。そろそろランチの時間じゃあ……」

食い気味に、蠣田さんが言葉をかぶせる。

「10時半は、まだ朝ですよ。なぜなら、松屋の朝定の提供時間が11時までだからです！　ちなみに、朝定の開始時間は午前5時ですね。つまり、朝というのは5時に始まり、11時に終わるのですよ」

整った身なりに丁寧な話し方。ちゃんとしたビジネスマンに見える。でも、この人もまた、突拍子もない持論をぶつけてくるタイプのようだ。

一体、朝定の何が蠣田さんの心を捉えているのだろう。

✔今どきの〝みんなの食〟事情とは

蠣田さんに連れられて、僕たちは松屋に来た。「みんなの食卓でありたい」のキャッチコピーで知られる牛丼チェーンだ。

蠣田さんは会社のすぐ近くにある店舗でなく、反対方向の少し離れた店舗に行こうと言い出した。大手のチェーン店だからどこも同じなのに、なぜだろう。

それぞれ食券を買い、カウンター席に並んで座る。僕は焼鮭定食、高山と蠣田さんはソーセージエッグ定食をチョイスした。

「おすすめの朝定って、松屋のソーセージエッグ定食だったんですね」

「もちろん、ソーセージエッグ自体もおすすめです。ですが、ポイントはこの『選べる小鉢』です」

そう言って、蠣田さんは小鉢の中身をご飯の上にかける。カレーだった。

「いいですか、真部さん。松屋の朝定はメインのおかず以外に、選べる小鉢がついてきます。通常のラインナップは、納豆（ネギ付）、とろろ、冷やっこ、プレミアムミニ牛皿の5種類ですが、今はちょいがけのカレーが加わっている。実はこれ、店舗限定の実験的な試みです。これを頼まない手はないですよ」

そう言われると、途端に蠣田さんのカレーが羨ましくなる。高山の小鉢もカレー。僕だけ、冷やっこだ。定食のチョイスにしろ、小鉢の限定情報にしろ、何だか完全に出遅れている気がした。

「営業マンなら、これくらいは当たり前に押さえておきたい情報です。松屋フーズの公式ツイッターでも発信されていましたからね。今すぐ、松屋の公式アカウントはもちろん、『【公式】松屋カレー部』のアカウントをフォローしてください」

そんなアカウントがあるとは知らなかった。

「はい、フォローしました。けど、営業マンと松屋の朝定にどんな関係が？」

「それはそうと、まずは食べましょう。11時前は朝定の駆け込みラッシュで店が混雑します。さっと食べて出るのがマナーですよ」

✔食はみんなの〝共通言語〟

朝定を食べ終え、会社に戻った僕らはそのまま会議室に直行する。

そして、蠣田さんのレクチャーが始まった。

「営業マンは松屋をはじめとした飲食店、特に大手チェーン店の情報に敏感であるべきです。理由は、**それらが〝みんなの食卓〟だから**です。社長も役員も部長も新人も、立場や収入に関係なく、みんなが行くでしょう？」

確かに、鶴田さんも一時期、松屋のシュクメルリ鍋定食にハマっていた。外回りに同行した際、よく奢ってもらったものだ。

「つまり、**メシの話は、ビジネスマンの共通言語な**んです。初対面の取引先など、パーソナルな情報がわからない相手と話すときでもネタにしやすい。例えば、午前中のアポイントに行くとします」

ビジネス講座の講師のように、蠣田さんは続ける。

「その場合、商談前後の雑談で食事の話題になるかもしれませんよね。そこへ小鉢カレーのような松屋ネタを投入すれば『ちょっと早めのお昼は何にしよう』と考えている先方に、有益な情報を提供できます。『この人はなかなかアンテナが高い』『気が利く人だ』と、評価が上がるかもしれません。『同じ目線で話せる人だ』と安心感を与えることも……」

「でも、先方が吉野家派だったらどうするんですか？」

「多分に想定されるケースですね。もちろん、吉野家、すき家、なか卯など、主要な牛丼チェーンはもれなくチェックしておくべきです。かつ牛丼で知られる新宿のたつ屋や、牛丼太郎の残党系である丼太郎といった〝インディーズ牛丼〟まで押さえられたら完璧ですね。他にも、立ち食いそばやファミレスもカバーしたいところです」

そんなにいろいろな店舗があったとは。たかが牛丼などとは、あなどれない。

「食の話の中でも、**ビジネスマンの日常食であるチェーン系グルメは、鉄板ネタの一つ**ですから。営業マンとして最低限の知識です」

「なるほど。でも、全チェーンの情報を押さえるのは、かなり大変そうですけど……」

「そうでしょうか？　一日3回、最低でも1回は食事をしますよね。その度にインプットすればいいわけですから、さほど難しくないと思いますよ」

確かに毎食でなくても、営業職なら一日1回ぐらいは外で食べているだろう。

「毎日、細かくメニューをチェックしていたら、小鉢にカレーが追加されていることにも気づくし、実はソーセージエッグが単品で頼めることだって発見できるでしょう。そういう積み重ねで、情報や知識を増やしていくのです」

食事のときもインプットを欠かさないとは……。朝定エージェント恐るべし。

「多くの人は、自分が食べたいメニューしか気にしていない。ですが、それでは有益な情報を見逃してしまいます。結果として、教養も身につきませんよ」

✔"好きなモノ"が人生や仕事を豊かにする

朝定から始まった、ビジネスマンとしての教養の講義。

それまで黙って蠣田さんの演説に耳を傾けていた高山が、ふいに口を開いた。

「蠣田さんは松屋をメインに、ルノアールやロイヤルホスト、富士そば、ゆで太郎など、幅広い名店の朝定を定点観測し、調査・分析・考察することをライフワークとしている。その結果、ついには朝定エージェントの称号を自称するまでになった。それがどれほどの偉業か、お前にわかるか?」

自称だから偉業はちょっと言いすぎでは……。

ただ実は、蠣田さんは都内で転職エージェントをはじめ、複数社を経営するヤリ手の実業家らしい。

普段、経営者としてさまざまな取引相手と交渉している。そのためのリソースを培うには、こうした地道なインプットが欠かせないのかもしれない。

高山の賛辞を受け、蠣田さんのトークはさらなる熱を帯びていく。

「初めは、まんべんなくメニューを見渡してください。それから店内の様子や客層、周りの人が何を頼んでいるか。ＰＯＰにも注目してほしいですね」

僕はメモ帳を取り出した。

・飲食店では店内をくまなく観察すること

「余裕が出てきたら、**さらに深いところの情報にアクセス**してみてください。例えば、松屋フーズは牛丼以外にも、中華やそば、とんかつなど、さまざまな業態の飲食店を展開しています」

蠣田さんは「これからが重要ですよ」というように咳ばらいをして、続ける。

「その中に、本格的な鮨・割烹の『福松』というお店があります。コース料理のにぎり御膳は５０００円という高級路線。松屋フーズの中では異色の存在です。松屋が営む高級鮨なんて聞くと、ちょっと興味をそそられませんか？」

「確かに、気になりますね」

「ですよね？　気になったら、すぐに食べに行きましょう！　飲み会1回程度のコストで〝ビジネスマンの味方である、安くておいしい牛丼屋の松屋がやっている高級鮨屋〟を体験できるんですよ。お手軽に非日常感が味わえるうえに、話のネタとしても引きが強い。コスパ最高じゃないですか？」

子どものように目を輝かせて、興奮気味に話す。

「何より、自ら興味を持って行動し、体験したことは心に残ります。自分が好きなものや興味があることを深掘りしていくと、教養になるだけではありません。いろいろな楽しみが生まれて、**人生そのものが豊かになりますよ**。仕事ばかりじゃつまらないですからね」

蠣田さんはひとしきり語り尽くすと、居住《いず》まいを正し、弾けるような笑顔を見せた。

「では、わたしはこれで失礼します。ルノアールのモーニングは12時までなんでね」

そう言って、足早に会議室を出ていった。

4限目
コンビニで知識を得よ

商品から〝トレンド〟を読み取る

高山のもとへ預けられてから、早くも2週間が経とうとしていた。

喫茶店、個室ビデオ、朝定……。研究課題は日増しに増え、どんどん忙しくなる。「仕事なんてしている場合じゃない！」。いつかの高山の言葉が思い出される。事実、〝サボりのタスク〟は、徐々に業務時間を侵食し始めていた。

このまま自分は〝高山化〟していくのだろうか。まともなビジネスマンからどんどん離れていっている気がする。もっと高山の考えを知りたいとも思うけど、本当に大丈夫だろうか。更生するなら今のうちかもしれない。

でも、ここへ来てから毎日が充実している。今までは会社と家を往復するだけだった。仕事が趣味みたいなものだったのだ。

自分の中に、広く新しい世界が広がり始めている。仕事が、人生がちょっと変わるかもしれない。小さくとも確かな手応えがあり、引き返すという決断がなかなかできなかった。

そんな折、高山からミッションがくだった。

「コンビニのダイエットフードをリサーチしてくれ……」

実は高山、数日前からダイエットを始めている。パーソナルジムのＰＲ案件で、自身がモニターとして、肉体改造に取り組むことになったのだ。

ノルマはマイナス20kg。もとが１０８kgの巨漢とは言え、日常的に食べ飲み歩き、運動の習慣もない高山にはかなり厳しいミッションだ。

食事制限が課されて、高山は元気がなくなっていた。なんとかうまく協力したい。

さっそくコンビニ各店を巡り、リサーチを開始する。

まず目に留まったのは、サラダチキンだ。低脂肪・高たんぱくの定番ダイエットフードで、最近はコンビニ各社がオリジナルのサラダチキンを出している。それも、コンビニごとに6～12種類を取り揃える充実ぶりだ。

ハーブ、スモーク、チーズ、のり塩、レモン、ガーリックペッパー、タンドリーチキン風、紀州南高梅、パクチーなどなど。豊富すぎるフレーバーに加え、形状も鶏むね肉の形をしたものだけでなく、ほぐしタイプ、スティックタイプ、さらにはソーセージのようなものまで。

コンビニの一画で、サラダチキンの多様性が爆発していた。

甘いもの好きの高山のために、減量中でも食べられそうなコンビニスイーツも探す。わらび餅や大福、羊羹、ゼリーなど、比較的カロリーが低いものをリストアップした。たらみのカロリーゼロのゼリーにはナタデココが入っているので、高い満足感が得られそうだ。一定の筋肉量を維持するため、プロテイン入りのオイコスのヨーグルトやプロテインバーなど、トレーニー愛用のおやつも抜かりなくチェックした。

惣菜・弁当コーナーも覗く。ここでも、ダイエッターを意識した商品がちらほら見つかる。例えば、セブン‐イレブンの〝たんぱく質が摂れる〟シリーズ。たんぱく質が摂れる豚しゃぶサラダ、たんぱく質が摂れるおつまみ冷奴など、たんぱく質を全面的に打ち出した惣菜も登場していた。

▼ ▼ ▼

会社に戻り、それぞれの商品情報をエクセルにまとめる。

サラダチキンについては、フレーバーや形状、素材、価格、カロリーはもちろん、たんぱく質・脂肪・炭水化物の割合を示すPFCバランスも入力し、備考欄にはネット上のレビューも添えた。完璧なサラダチキンデータベースだ。

それにしても、実際に観察して驚いたのは、コンビニ業界の熱烈なダイエット推しだ。ボディメイクがブームとは言え、ここまでダイエットフードが増えているとは思わなかった。

「コンビニは時流を映すメディアである」と言う高山が正しいなら、もはやボディメイクは一部の筋トレ好きのみならず、大衆の関心ごとになりつつあるのかもしれない。高山がPRとしてダイエットを始めた理由がわかった気がした。

今まではコンビニに来ても、ダイエットフードなんて目に入らなかった。それがほんの少し関心を持つだけで、飛び込んでくる情報量が圧倒的に増えたのだ。先日の蝋田さんの言葉を思い出す。「多くの人は自分が食べたいメニューしか気にしていない」。

一事が万事。朝定やダイエットに限らず、自分はこれまで数多くの学びの機会を逃してきたのかもしれない。

だから今回の調査ではコンビニ全域をくまなく観察し、陳列棚の奥底に眠るダイエットフードまで根こそぎ掘り起こした。

これなら高山も満足するに違いない。さっそく調査結果をメールしよう。

✔実践してこそ、役に立つ情報になる

資料を添付し、メールの文面を書く。でも、送信ボタンをクリックしようとして、思いとどまった。……何か大事なことを見落としていないか？

この資料は、我ながらよくまとまっていると思う。でも、それだけ。何と言うか、血が通っていない気がするのだ。

「その先を知りたいと思わないのか？」。

高山に教養のなさを指摘されたときの言葉が、急に頭に浮かんだ。この違和感の原因をちゃんと突き止めないと。僕はエクセルデータを見直した。

……そうか。おそらく、ここには僕自身の〝体験〟や、それに基づく〝考察〟が入っていないんだ。この資料なら、他の人が作っても同じものになるだろう。実際にダイエットするのは高山なので、どこか他人事になっていたのだ。

翌日、僕はダイエッターの気持ちになり切るため、サラダチキンを毎日食べてみることにした。まずはプレーンからだ。

するとし、3日目で早くも飽きてしまい、5日目で口が受けつけなくなった。

なるほど、コンビニのサラダチキンの種類があんなに多いワケが理解できた。2〜3種類では、毎日なんてとても食べ続けられないのだ。

飽きを回避するためには、さまざまなフレーバーを日替わりで食べていくしかない。

では、どの組み合わせ、順番がいいだろうか。

プレーン、チーズ、スモーク、レモン、ガーリックペッパーあたりを中5日で回すローテーションを基本とし、合間にタンドリーチキン風や紀州南高梅をはさむか。

うん、悪くない。いや、パクチーのような技巧派も一枚入れておきたいところだ。

意外と、のり塩あたりが先発の軸になるポテンシャルを秘めているかもしれない。

あるいは、調理という手もある。セブン－イレブンには、サラダチキンで作る参鶏湯《さむげたん》なんてレトルト商品も売っていた。他にも、ヘルシーなコンビニフードと組み合わせることで、手軽においしく食べられる方法はいくらでもありそうだ。

⧗　⧗　⧗

僕はさらに3日を費やし、調査を深めていった。

観察の結果をパワーポイントにまとめてマニュアルにする。サラダチキンのフレーバーごとに塩分や糖分などの傾向をマッピングし、おすすめのローテーションや簡単なレシピも添えた。

資料を新しいものに差し替えて、高山に送る。返事はすぐに届いた。

「上出来だ」

高山にまともに褒められたのは初めてだ。やった、と心の中でガッツポーズをした。

家に帰ってツイッターを眺めていると、高山がこんな投稿をした。

「本当に有益な情報は、実践でしか得られない」

これは間違いなく僕に対するメッセージだろう。なかなか粋なことをしてくれるじゃないか。

でも、リツイートした直後に気づいてしまった。高山のツイートには、ラーメンの間食写真が添付されていたことに……。

5限目 営業マンは漫画を熟読せよ

メンタル力は〝破天荒な主人公〟から学ぶ

サラダチキンの一件以来、高山から仕事を任されることが増えた。

高山の思考や行動に慣れてきて、ここ数日は意思疎通もスムーズだ。初めは絶望したけど、こんなクセの強い人間のもとでも、自分はうまくやれている。

⧗ ⧗ ⧗

僕は少し気が抜けていたのかもしれない。

この日、僕はあり得ないポカをやらかした。とある企業から依頼され、運用を代行しているSNSアカウント。そこにプライベートな投稿を誤爆し、軽い炎上を招いてしまったのだ。

すぐ、高山と共に先方へ謝罪に出向く。何とか事なきを得たものの、契約を切られてもおかしくないミスだ。僕は激しく落ち込んでいた。

その帰り道。

「高山さん、今日は本当にすみませんでした。せっかく任せてもらった仕事で、こんな大きなトラブルを起こしてしまって……」

絶対に怒られると思っていた。でも、高山は唇の端をわずかにゆがめ、フッと微笑んだのだ。そして、こんなセリフを吐いた。

「かまわんさ。**トラブルはオレのミドルネームだ**」[*1]

「……高山さん。僕は真面目に反省しているんですよ？」

「マジになっちゃダメだ。その方がうまくいくんだ」

「何ですか、それ」

どうして、こんなときにかっこつけているんだろう。あまりにバカバカしくて、思わず吹き出してしまった。

「あの……もしかして僕を慰めようとしてくれているんですか？　でも、ミスしたときまでふざけないでくださいよ。やっぱり高山さんはおかしな人です」

「ああ。**オレは生まれた時からどうかしてる**[*2]」

……全く聞いちゃいない。会社に戻ると、高山はデスクの棚から一冊の本を抜き、手渡してきた。

『ゴクウ』という漫画だ。

「いいか、仕事にミスやトラブルはつきものだ。もちろん反省は必要だが、いちいち深刻になったって仕方ない。特に、お前は物事を重く受け止めるところがある。何でも深刻になりすぎなんだ。そんなんじゃ、これから先が心配だぞ」

高山は漫画をパラパラとめくり、急に声を1オクターブ低くした。

「そんなお前は、**ハードボイルドの世界を学ぶんだ！**　痺れる名言のオンパレードだぞ。ちなみに、さっきから俺が連発しているかっこいいセリフは、全て『ゴクウ』からの引用だ」

「ハードボイルド……。それを読むと、どうなるんですか？」

「いいか、ハードボイルドの世界の主人公たちの日常はトラブルの連続だ。だが、どんな危機的状況に陥っても、彼らはサラリと乾いたセリフを吐き、軽やかに乗り切ってしまうんだ。いっさい深刻にならない。つまり、それくらいの余裕があった方が、仕事も人生もうまくいくってことさ」

なるほど、常に堂々としながらも、どこか脱力したような高山のスタイル。それは、ハードボイルドな主人公たちに倣《なら》ったものらしい。

もっとも、彼の場合は仕事はハードボイルドというよりノーテンキという感じだけれども。

「じゃあ、高山さんは仕事で大きなミスをしても、いっさい落ち込まないんですか？」

高山は「そうだな……」と呟き、サングラスを外す。そして、芝居がかった口調でこうキメた。

「笑ってごまかすさあ！」*3

「それも、『ゴクウ』の引用ですか？」

「いや、これは同じ寺沢先生の『COBRA』からだ。とにかく、お前はもっと肩の力を抜いた方がいい。一流のスポーツ選手は、ここぞというときには脱力してプレイしているものだ」

「確かに、メジャーリーガーはガムを噛みながら打席に立ったりしますね」

「そうだろう。重要な場面でこそ〝力を消す〟ことの大切さは『刃牙』だって説いている。戦いにおける〝消力《シャオリー》〟のことだ」

「何ですか、それ？」

「やれやれ、まだそこまで読んでいないのか？　シャオリーは、格闘技において相手の打撃を受ける瞬間まで脱力することで衝撃を受け流し、無効化する極意だ。さらに、その究極のリラックス状態から、壁を砕くほどの打拳を生み出すこともできるのさ」

「なんか難しそうですね……」

「そう。この技の習得は簡単ではない。だが、社運がかかった大きな商談や大切な取引先からのクレーム対応などなど、営業においても、**生きるか死ぬかというときこそ、余計な力を抜くべき**なんだ。たとえ失敗したって、笑ってごまかせばいい。『どうしよう』『最悪の場合は……』などと、深刻ぶったところで、物事がいい方向に向かうわけじゃないからな」

大事なときに脱力するなんて、かなり勇気がいる。

「ハードボイルドとシャオリーを組みわせることで、結果的にいいパフォーマンスにつながるんだ。難しいと思うが、意識してやってみろ」

✔ビジネスマンが読むべき漫画とは

そう言えば、いつか高山は言っていた。「俺にとって、漫画はビジネス書なのだ」と。

あのときは、サボりをごまかすための強弁だと思っていた。でも、彼は本気で漫画に学び、仕事や人生に生かしているようだ。

高山のデスクに積み上げられた、膨大な量の漫画。その全てが、高山の血肉となっているのだろうか。

「高山さん、僕に漫画を教えてくれませんか？　どんな漫画をどう読めば、僕は成長できるんでしょうか？」

少し驚いたような顔をしてから、高山は答えた。

「いいだろう。ただし、教えるのはタイトルだけだ。そこから何を学び、何を得るかは、お前次第だからな」

高山は僕の手帳をひったくり、乱暴に漫画のタイトルを記した。

・『美味しんぼ』
・『めしばな刑事タチバナ』

「とりあえずは、この2つが課題図書だ。来週までに読み込んで、感想を教えてくれ」

タイトルからするに、どちらもグルメ漫画のようだ。

また食べ物か、と批判しかけたがやめた。先入観なしに、読んでみよう。自分なりの答えを見出すんだ。

〝本物〟を見抜く力をつけよう

1週間後。僕と高山はルノアール新宿ハルク横店にいた。後をつけた際に、高山が『刃牙』を読み、サボっていたあのテーブル席で向かい合っている。

「さあ、聞かせてくれ」

高山がせかした。

「……はい。まず『美味しんぼ』ですが、〝物事の本質を捉える力〟みたいなことが、この作品に通底するテーマなのかなと感じました」

僕はおそるおそる語り始めた。いつも僕が読んでいるのは、有名なビジネス書ばかりだ。漫画を真剣に読んだことはなかったから、少し自信がない。

高山は腕組みをして目をつむり、黙って耳を傾けている。

「もちろん、主人公の山岡士郎さんの食に対する揺るぎない信念や、権威に屈しない胆力もすごいと思います。でも、僕が心から感動したのは、山岡さんに振り回される周囲の人たちの人間性です」

「ほう」と、高山が顎ひげをなでる。

「物語序盤の山岡さんは結構横暴なんです。特に、食が絡むと暴言めいたことも平気で口にしますよね。自分が勤める新聞社の社主に銀座の寿司をごちそうになっているのに『スーパー[*4]のパックのスシのほうがよっぽどうまいぜ。』とか言っちゃって。職人は激怒するし、同席している後輩の栗田さんや谷村部長、富井副部長もヒヤヒヤ。あげく『明日[*5]の午後俺につき合ってもらおう、おまえに本物のスシがどんなものか教えてやるッ。』と、みんなの都合も考えずに予定を決めてしまいます」

うん、うんと頷く高山。

「普通なら、そんな人、まともに相手にしなくていいと思うんです。でも、社主をはじめ、部長や副部長まで予定を調整してついてきてくれる。罵倒された職人も、プリプリ文句言いつつちゃんといるんですよね。で、山岡さんが推薦する職人が握る〝本物のスシ〟を食べると、みんな素直にうまいと言う。銀座の有名な寿司職人の前でも、忖度《そんたく》せずにちゃんと美味しい方を評価するんです。ビッグネームや世間の評価に左右されず、本物を見抜く力、そして、自分が本物と信じるものを称える強さと公平さを持っているんですよね、栗田さんたちって」

「いい着眼点だ。続けてくれ」

「あと、作品の初期は傲慢な食通や料理人に、山岡さんが〝本物〟を食べさせてヘコませるフォーマットが基本ですよね。プライドの高い人だと、間違いに気づいても『自分の方がうまい』ってなると思うんです。でも、どんなにもめていても、美味しいものは美味しいとちゃんと認める。立場が上になっても、批判を素直に受け入れる器を持つことは、どの仕事でも大切なのではと思いました」

「なるほど。それで〝人間性〟か。なかなか優れた考察だ。山岡さんや海原雄山じゃなく、サブキャラに感情移入するのがお前らしいよ。**作品の解説について正**

しさは重要じゃない。自分で考えて結論を出すことの方が大切なんだ。うん。悪くないな」

僕らしい……。すごくうれしい言葉だ。単に「優秀だ」「よくやった」と言われたときより、何倍も心に響いた。

✔ただのめしばな、されどめしばな

「では、『めしばな刑事タチバナ』はどうだ？」

「これは……最初は正直、よくわからなかったです。おじさん刑事のタチバナが、延々とB級グルメを語る漫画のどこに〝学び〟があるんだろうって。でも……」

「読み進めるうちに、何かを感じた。そうだろ？」

「はい。〝めしばな〟つまり、めしの話は最高のコミュニケーションツールなんだと。突然取調室に現れて、事件とは関係なく、食べ物の話を披露するタチバナに、周囲は困惑します。でも、いつしか同僚の警官や上司、容疑者さえも議論に巻き込まれ、最後は心理的な距離がグッと縮まっている。タチバナの話って牛丼やファーストフード、袋入りラーメンとか日常食ばかりなので、誰でも参加できるんですよね」

「そうだな。朝定の蠣田さんも、同じことを言っていただろ？」

確かに。僕は深く頷き、話を続ける。

「そうやって、タチバナのめしばなを通じて容疑者は心を開き、自供したり改心したりするんですよね。まあ実際にそんなことはないでしょうが……。敵対する関係性でも、めしの話をきっかけに仲良くなる可能性があるのかもしれません」

「そうそう。それに、タチバナは自分の手柄を誇ったりしないよな。ただ『俺がしたのは、単なるめしの話だ』と囁《ささや》く……。あれがまた、ハードボイルドなんだ」

気づけば高山も身を乗り出して感想を語っている。

「それからな、タチバナの〝めしばな〟には、**営業マンにとっての教訓も詰まっていると**、俺は思う。例えば〝同時ゴールイン〟とかな」

同時ゴールインは、91話『ナンカレー』に登場する、カレーの食べ方のことだ。ルーとご飯（またはナン）をバランスよく食べ進め、同時にフィニッシュを迎えることを指す。

「カレーとご飯を同時に食べ切れる。これは、計画性があるってことだ。そして、計画に基づいてペース配分し、行動していく。途中でバランスを崩しても、最後にはうまく帳尻を合わせることができる。これは、俺たち営業マンにとって必須の力と言える。なぜだかわかるか？」

「はい。1カ月の売り上げ目標をどう達成していくか。そういった能力に関係する、という話ですよね」

高山はニヤリと笑う。

「[*6]お前さんやるじゃないの！」

タチバナの決め台詞だ。僕もニヤリと笑う。高山と同じ価値観を共有し、同じ目線で語り合えるようになった。うれしい。

「そう、その通りだ。もちろん、最初から順調に売り上げを立てていき、美しくフィニッシュできればそれにこしたことはない。だが、実際はそうもいかない。月初は調子が悪くても、中盤で巻き返したり、最後に突っ込んだりして、何とか帳尻を合わせる。営業マンの仕事は、それの繰り返しなんだ」

高山は営業における同時ゴールインを図示してみせた。

「タチバナの同時ゴールイン論に、俺は営業という仕事の厳しさや悲哀、そして美し

図8　営業的「同時ゴールイン」

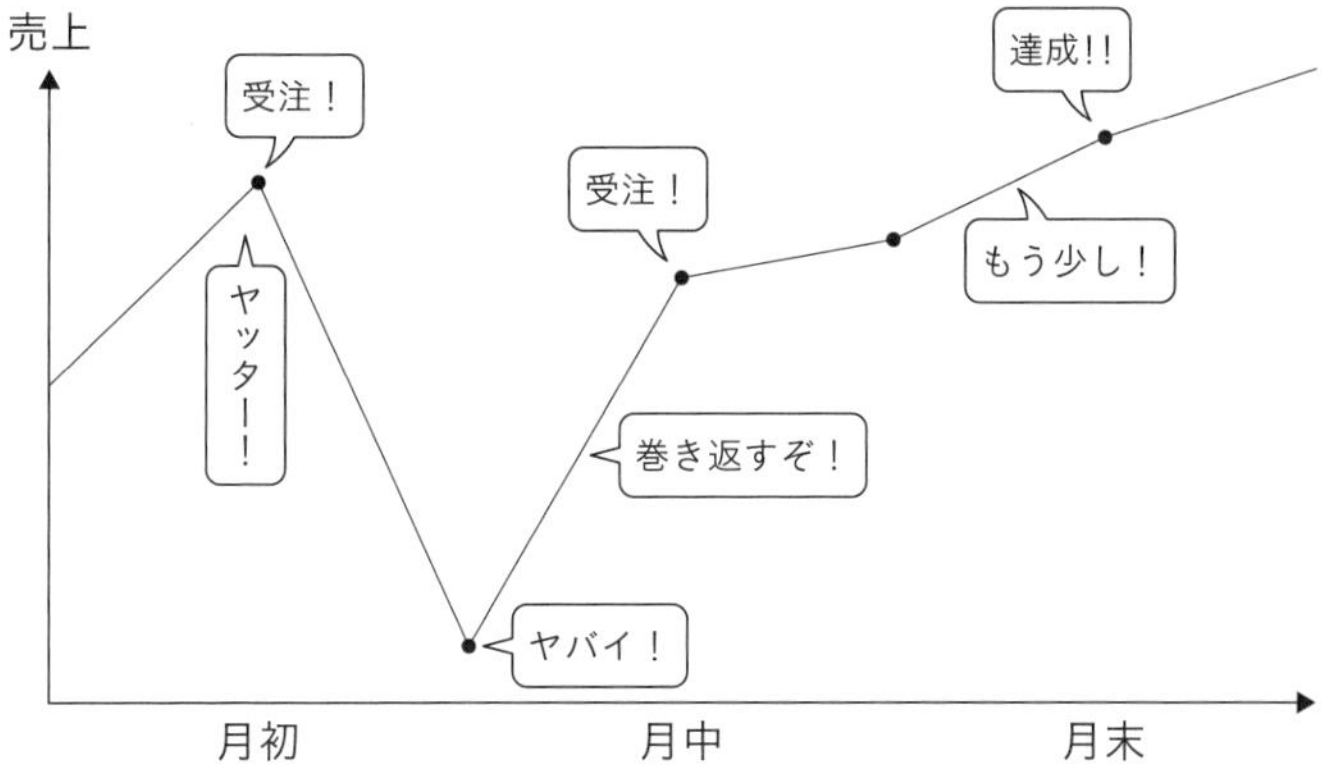

さを重ね合わせてしまうんだ」

そう言って、ガハハと豪快に笑った。そのとき、サングラスの奥の目がキラリと光ったのを、僕は見逃さなかった。

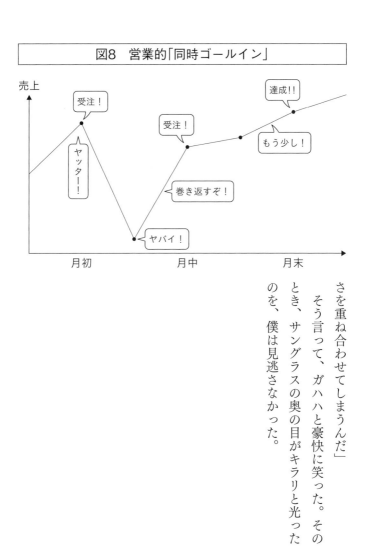

第一章サボリノートまとめ

メモ❶ 営業の基本は他人に対する“やさしさ”。森羅万象を観察・分析・解釈し、教養につなげること。

メモ❷ カフェは会話の宝庫である。人生の先輩方から話術を盗むこと。

メモ❸ めしの話は万国共通。食事中も店内からのインプットを惜しまないこと。

メモ❹ 実践して得たこと＝有益な情報。事象の観察、分析にとどまらないこと。

メモ❺ 漫画から仕事や人生について学べる。仕事と結びつけて読み解くこと。

第二章

円滑な社内コミュニケーションを促す五大秘術

デキる営業マンはいつも会社にいないのに、人気者？

僕がおくりバントに来てから、2カ月が経った。

初めのうちは、高山の破天荒すぎる行動を見て、ちゃんと営業マンとして経験が積めるのか心配だった。

でも、よく話を聞くと、仕事に関して高山はちゃんと自分なりの〝理論〟を持っている。思い込みに気づかされ、ハッとさせられることも多い。

高山のマネをしてサボり始めたら、仕事に対する考え方も変わってきた。いろいろなことに気づくようになったし、周りの人や物事に対して柔軟になったのだ。

高山との仲も、それなりに深まったと思う。

ただ、アドウェイズのメンバーとはいまだにほとんど交流がない。はっきり言って、馴染めていないのだ。

初めは「高山という変人の部下」ということで、敬遠されているのだと思っていた。

おくりバントはアドウェイズの子会社と言えども、同じ業界の会社としてライバル視されているのかもしれないと。

でも、そういうことではないようだ。

なぜなら、高山がたまにオフィスに顔を見せると、たちまち人だかりができる。

意外にも、高山はアドウェイズで人望が厚いらしい。

とっつきにくい風貌、子会社の社長という立場、ほとんどオフィスに現れない……。

そんな条件にも関わらず、さまざまな属性の人々が高山の周りに集まってくる。

高山とアドウェイズのメンバーの間には〝壁〟が感じられない。


僕は高山と談笑している人々を眺めた。

この社内コミュニケーション力の高さに、彼がプロ営業師と呼ばれるヒントが隠されているのかも。

それに……うらやましくないわけがない。

あの輪に入るためには、どうしたらいいだろう。

僕は社内での高山の行動を観察することにした。

6限目

身近な人の心をつかめ

✔素通りさせない〝味変調味料〟の力

この日のランチタイムも高山の周囲は賑《にぎ》やかだ。

外で昼食を買いオフィスに戻ってきた社員たちは、必ず高山のデスクの前で足を止める。営業部のメンバーだけではない。経理、総務、広報、さまざまな部署の人間が、笑顔で高山と言葉を交わしていく。

普段ろくにオフィスに寄りつかない人間が、なぜこうも慕《した》われているのだろうか？何か仕掛けがあるに違いない。食べかけの弁当を置き、高山のデスクを覗いた。

「なっ……」

僕は言葉を失った。一体何でこんなところに大量の……。

「高山さ〜ん、ニンニクとオリーブオイル、お願いしま〜す」

突然、明るい声が響いた。オフィスの反対側から、カップ麺をお盆にのせた女性がやってくる。背は小さく、童顔で丸い肩。年は30代後半くらい。経理の佐田さんだ。

佐田さんは、サッポロ一番塩らーめんどんぶりがのったお盆を高山に差し出した。

なぜ、みんなお昼に高山のもとへ集まるのか。このとき、僕は理解した。

高山のデスクには大量の〝卓上調味料〟が置かれていたのだ。コショウ、七味唐辛子、カレー粉、山椒《さんしょう》、にんにく、オリーブオイル……。まるで、社員食堂だ。

高山は調味料を佐田さんのお盆にのせた。

「ああ佐田さんですか、バラの花かと思いましたよ」

「あら、高山さんたら、褒めても何も出ませんよ」

佐田さんは見え透いたお世辞を軽くあしらう。

高山は「まいったなあ」と言いながら、ペコリと頭を下げた。

「この間の経費精算書のミス、直してくれて本当に助かりました。これからもご指導のほど、何卒よろしくお願いします」

高山は大きな体を二つに折るように深々とおじぎしている。こんなへりくだった態度は初めて見た。

高山が作成する書類には不備が多い。細かい作業が苦手なのだ。おまけに、ものすごいパソコン音痴ときている。ワードやエクセルの簡単な操作もできないので、よく今までやってこられたよなと思うくらいだ。

だから、僕はよく営業で使うデータのまとめや修正なんかを代わりにやっている。そんなわけで、経費関係の書類の締め切りが近づくたびに、佐田さんも尻拭いをさせられていた。

にもかかわらず、両者の関係は良好らしい。

「仕方ないわねえ。今度はGABANのシナモンシュガーも置いといてね」

「承知しましたっ!」

再び頭を下げる高山。

小さな手を振り、佐田さんはあきれたような笑顔で去っていった。

可愛らしい風貌に反して、佐田さんの書類チェックは大変厳しい。不備などあろうものなら、普通は突っ返される。

でも、高山のものに関しては、佐田さんが毎回ミスをカバーしているようだ。

なぜ、調味料を貸しているだけで、そんな好待遇を得られているのだろう。便利なのはわかるけれども……。

「驚いたかい？　あれが高山君の〝松屋理論〟なんだ」

ふいに背後から声をかけられた。

アドウェイズｗｅｂ営業部の西久保さんだった。入社16年目で、高山のアドウェイズ時代の先輩でもある。誰にでも好かれるタイプの優しい人だ。

「松屋理論？　松屋って、あの牛丼チェーンのですか？」

「そうだよ。君も営業なら、よく行くよね」

「ええ、もちろんですよ。今日も朝定食べて来ましたから」

「なら、この理論が理解できるはずだよ。松屋のカウンターには何が置いてある？」

「醤油の他にも、何かいろいろあったような……」

「そう。バーベキューだれ、ポン酢だれ、七味唐辛子など、豊富な〝味変アイテム〟が置いてある。高山君は、自身のデスクで松屋のカウンターを再現しているんだよ」

西久保さんは満面の笑みで松屋のビビン丼にポン酢をかけると、さっさと行ってしまった。

松屋理論か。何だか、怪し気なワードが出てきたぞ。その理論とやらに、社内の人望を集めるカギが隠されているのか？

僕は急いで弁当の残りを平らげて、西久保さんを探しに行くことにした。

▼▼▼

昼休みが終わり、僕は西久保さんを捕まえた。

「あの……さっきの話、もう少し詳しく教えてくれませんか？」

「あれは、15年前……」

西久保さんは目を細め、遠い昔を思い出すように天井を見上げた。

「高山君がアドウェイズに来た初日のことだった。その頃はまだスーツを着ていたなあ」

若かりし頃の高山。15年前なら、今の僕と同じくらいの年だろうか。そんなときからオリジナルの理論を打ち立てていたとは……。

「彼は自分の席につくと、いきなり机いっぱいに卓上調味料を並べ始めたんだ。机の上なだけにね……」

クックと笑って、西久保さんは続ける。

「最初は変なやつだなと思ったよ。でもね、次第に高山君のところに人が集まるようになった。ランチの時間帯になると、〝味変〟を求める同僚の営業マンたちが高山君の席に列をなすようになったんだ」

テーマパークの屋台じゃあるまいし。調味料のためだけに、そんな行列ができるだろうか。西久保さん、ちょっと芝居がかった話し方といい、だいぶ話を盛っているのかもしれない。

とは言え、職場に調味料が大量に並んでいたら目を引く。

特に繁忙期なんかは、コンビニ弁当やインスタント飯の単調な味に飽き飽きしてくるものだ。色とりどりの調味料は、人々の目に救世主のように映るだろう。

そしたら思わず、話しかけてしまうかもしれない。小さなきっかけから、新たなコミュニケーションが生まれ、仲が深まっていく。ついには〝自席に調味料を並べる、変な営業部員〟の噂は他部署にまで広まり、役職も関係なく多くの人が押しかけた……ということなのか。

まあ、変なやつだと距離を置かれる可能性もあるけど。

「じゃあ、西久保さんも〝味変〟から、高山さんと仲良くなったんですか？」

西久保さんは首を横に振った。

「いや、最初はそんな高山君のことを苦々しく思っていたんだ」

「えっ。そうなんですか？　あんなに仲がいいのに」

二人が何やら楽しそうに話しているのをオフィスで何度も見かけている。昔はね、と西久保さんは笑う。

「なぜなら……。当時、僕は〝社内駄菓子屋〟を営んでいたんだからね」

「社内駄菓子屋？」

「そう。お菓子を大量に仕入れて原価で売るんだ。だから儲けは出ないけどね」

「じゃあ、何のために……」

「他部署の人も買いにきていてね。横断的なコミュニケーションに役立っていたんだ」

「なるほど。お金のためでなく、社内の人との仲を深めるためのツールだったと……。

先に同じようなことをやっていたわけですね」

「そうなんだよ。でもね、高山君はそんな僕を初日で超えていった……」

大げさにため息をつき、遠い目をした。

図9　社内駄菓子屋VS味変調味料屋

社内駄菓子屋

メリット

社内コミュニケーションを促進

デメリット

お金のやりとりが発生

仕入れ、在庫、売り上げの管理が必要

＜

味変調味料屋

メリット

社内コミュニケーションを促進

タダで提供できる

「なんせ、高山君の味変調味料は、ほぼ〝無償の行為〟だ。１００円ショップやコンビニで揃う卓上調味料なら、**タダでサービスしたってさほど懐は痛まない。**お菓子は仕入れにコストがかかるから代金を取らざるを得ないけどね」

「なるほど。わずかな出費で〝ものすごく気前のいい人〟という印象を与えられそうですね」

「まあね。でもそれだけじゃない」

西久保さんの目が鋭く光った。

「高山君は、固定客を飽きさせない工夫も怠らなかったんだよ。ときには、しっかりコストをかけて珍しいソースやハイエンドな七味、クレイジーソルトやガラムマサラなどを入荷していた。さらに、自ら味変のレシピを研究し、社内の共有メールで発信した。カップヌードルのシーフードにオリーブオイルを入れるとかね」

そんなことまで!?　商店街で自家製の味噌しか売っていなかった店が、世界各地の味噌を扱う専門店となり、最終的に割烹料理屋まで始めたようなものじゃないか。

「それを見てまた、高山君のもとへみんなが殺到する」

「まさか、そこまでやるとは……」

「こいつは日々進化している……。どんな分野でも成長を止めないすごいやつに違いないと、僕は彼のことを認めざるを得なくなった」

調味料へのこだわりが仕事へのこだわりと誤認……、いや評価されたのか。

「気づけば、僕もその列に並ぶ一人になっていたよ」

高山君の思うツボさ、と西久保さんは笑った。

✔地元愛が人をつなぐ

単なる調味料がコミュニケーションツールになり、自身の評価を上げることにもな

ると は。でも、少し疑問が残る。

「確かに、高山さんって営業部以外の部署にも顔がききますよね。でも、味変調味料だけで、そこまで広く関係性を作れるものでしょうか？」

「もちろん、松屋理論のように、相手が気づくのを待つ〝受け身のアプローチ〟だけでは限界がある。そこで、自ら他部署へ切り込むために高山君が編み出したのが、

〝お土産スタンプラリー〟だ」

「また何かおかしなものが出てきましたね……」

「ちょうどいい。今日はお盆休み明けだから、お土産スタンプラリーが発動するはずだよ。午後、高山君の行動をチェックしてみなさい」

西久保さんに言われた通り、僕は高山を監視することにした。


スマホでツイッターに励んでいた高山は、15時になると席を立った。のしのしと歩き出す。向かった先は広報課だ。手に小さな紙のようなものを持っている。例のスタンプラリーで使うのだろうか？

高山は広報課の社員一人ひとりのデスクを周り、何かを受け取っている。

図10　お土産スタンプラリーのカード一例

★お土産スタンプラリー★

START➡

白い恋人（北海道）	喜久福（宮城）	笹だんご（新潟）	桔梗信玄餅（山梨）
うなぎパイ（静岡）	赤福（三重）	雪塩ちんすこう（沖縄）	ざびえる（大分）

GOAL➡

「……そうですか、ご出身は甲府でしたか」

お互い、地元の話をしていたようだ。すると、おもむろに、高山はあの小さな紙を相手に見せた。

「ところで、実はお土産のスタンプラリーをやってまして。全国のお土産を集めているんですよ」

ん……？　お土産を集めている……？　高山は机の上の信玄餅を指さした。

「なので、それ、食べてもいいですか？」

他部署の人にお土産を催促するなんて！　お盆休みの帰省土産を狙っていたのか。いきなり現れて土産をよこせとは実に厚かましい。

僕は呆れた。でも、お土産のスタンプラリーという底抜けのバカバカしさに拍子抜けしたのか、相手の顔はほころんでいる。高山は広告の企画も担当しているから、変わった社内イベントでもやっているのかと思われたのかもしれない。

突然、高山のデカい声が響いた。

「まだだ……。白い恋人がないっ！　北海道ご出身の方はいずこに!?」

近くの人が答える。

「た、確か、管理部にいたような……」

「管理部ですねっ。ありがとうございます！」

ドタドタと去っていく高山。お土産を巡る旅は、まだまだ終わらなそうだ。

その後、お土産を集める変な営業部員の話が広まったのだろうか。

なんと、高山のデスクへ、わざわざお土産を持参する人まで現れた。

「高山さん、これもどうぞ」

男性はニコニコしていたが、スタンプラリーをのぞき込んだ瞬間、顔色が変わった。

何やら、相当ショックを受けたようだ。

「そんなあっ！　な、何で『ざびえる』が入ってないんですかあ！」

「すみません！　自分の勉強不足です！　次回からは必ず入れておきます！」

高山はスタンプラリーのカードに鉛筆でざびえるの欄を書き足した。

「お願いしますよお！　地元の大分じゃ、有名なんですからあ！」

……何だか盛り上がっている。高山に抗議しつつも、地元のマイナーな銘菓を語る彼はどこか生き生きしていた。

「職場へのお土産なんて、みんな何となく買って、何となく配っているものだ」

振り返ると、また西久保さんがいた。ふいに背後を取るのはやめてもらいたい。

僕の動揺を無視して解説を続ける。

「つまり、そんな**形骸化した文化にあえて光を当て、高度なコミュニケーションツールに仕立てた**のが、お土産スタンプラリーだ」

「そんな狙いが……」

「渡す側からすれば、惰性で買ってきたお土産に〝意味〟を持たせることができる。

高山君は他部署の人と話すきっかけを作れる。しかも、地元ネタという、バックグラウンドに関する話は距離を縮めやすい」

「なるほど……」

「高山君は会社に新しい人が入るたび、こうして少しずつ関係を作ってきたんだ」

図11　お土産スタンプラリーの効用

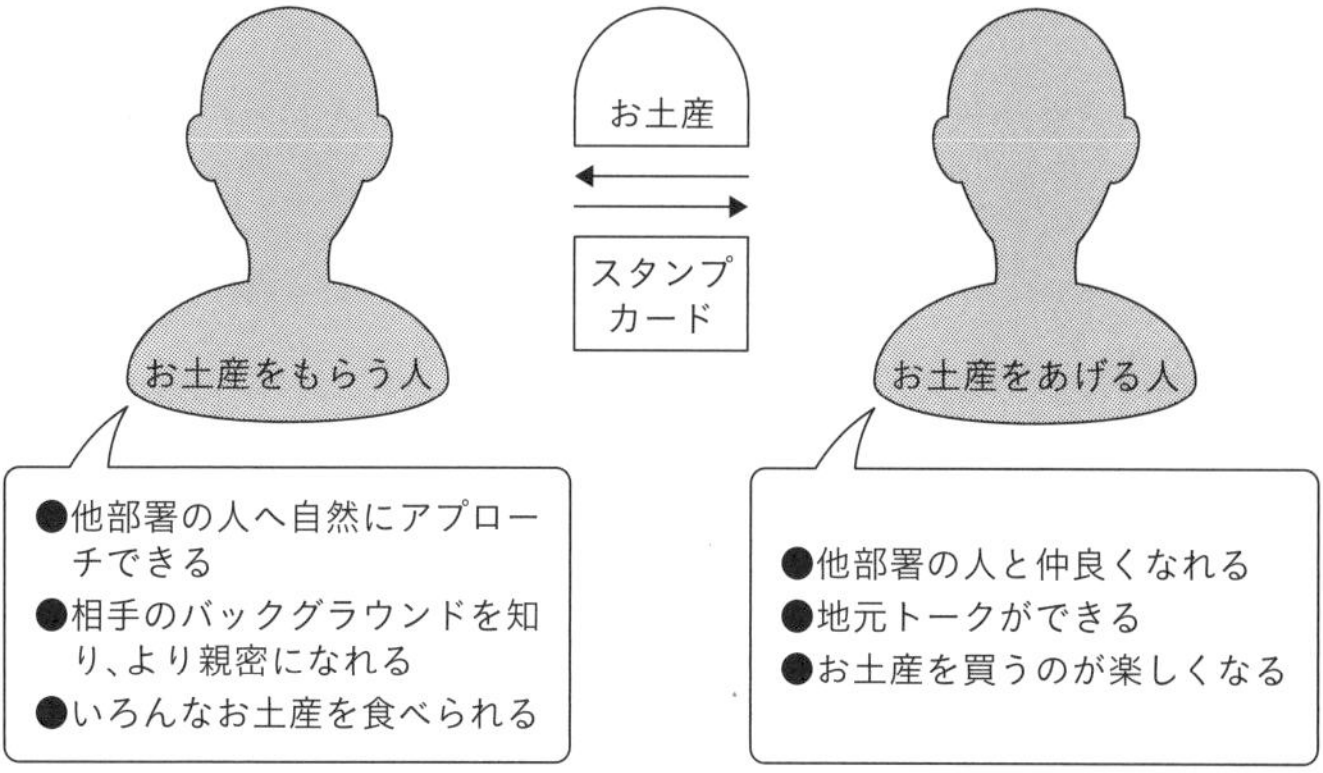

スタンプカード
お土産をもらう人
お土産をあげる人
●他部署の人へ自然にアプローチできる
●相手のバックグラウンドを知り、より親密になれる
●いろんなお土産を食べられる
●他部署の人と仲良くなれる
●地元トークができる
●お土産を買うのが楽しくなる

確かに、アプローチはくだらない。しかも、下手したらちょっと迷惑だ。

でも、気軽に話しかけてもらうためだけに、こんなに工夫を凝らすなんて……。人との距離を瞬時に縮めるコミュニケーションには、愉快な仕掛けが必要なんだ。自分から種をまかないといけないということか。

僕は何だか恥ずかしくなった。2カ月経っても周囲に馴染めない、いや馴染もうとしていなかった自分。高山は昔も今も職場に溶け込もうと、主体的に動いているのに……。

僕はそのままコンビニへ走った。そして、棚にある全ての調味料を買い込み、デスクの一番目立つ場所に並べた。

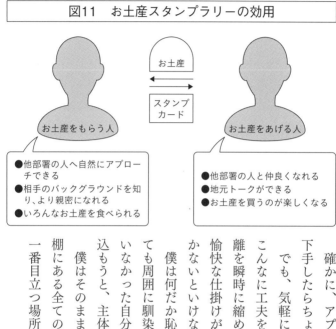

7限目 社内ピンチから逃れる術を身につけよ～時間編～

✔大切なのは〝やり方〟より〝考え方〟

調味料とお土産の件以来、西久保さんと話す機会が増えた。

西久保さんは高山のことがよほどお気に入りらしい。彼のあらゆる発言と行動を好意的に捉えているようだ。

ある日二人で昼食をとっていたら、突然西久保さんのスマホが鳴った。電話を切ると、西久保さんは「ちょっと用事が入った」と、急いで席を立つ。

そのとき、西久保さんが抱える資料の束から1冊のノートが滑り落ちた。「何か落ちましたよ！」と声をかけたが、サッとエレベーターに乗り込んでしまった。

僕はノートを見た。表紙に「企業秘密」と書いてあるけど、見た目は普通の大学ノートだ。こんなところに企業の機密事項が書いてあるわけない。秘密と書かれているから、何となく軽い気持ちではページをめくれないけど……。
ただ、見てはいけないと思うほど、見たくなるのが人間の心理だ。僕はちょっとだけ、とノートを開く。
そこにはでかでかと、こう書いてあった。

『上司の理不尽な要求のかわし方は、夜の接客術に学べ』

これだけ？　何のことだか、さっぱりわからない。さらにページをめくる。

『残業には〝謹慎〟が効く！』
『説教は日曜に聞け！』……

……これは企業秘密なのか？　きっと、西久保さんのことだから、高山に関することに違いない。

西久保さんが戻って来たら、このメモのことを聞いてみよう。

⧗　⧗　⧗

夕方、血相を変えた西久保さんがおくりバントのスペースに飛び込んできた。

「真部君！　僕のノートを知らないかい!?」

「あ、もしかして、これのことですか？」

例のノートを差し出すと「良かったあ！」と、西久保さんは空いている椅子にヘナヘナと座りこんだ。そんなに大切なノートだったのか。そうは思えないけど……。

「西久保さん、ここに書いてあるのって……」

「これ？　ここにあるのは、会社員として働く上で大変貴重な教えだよ。高山君のアドウェイズ時代の逸話から、僕がエッセンスをまとめたんだ」

愛おしそうに、ノートの表紙をなでる西久保さん。

「彼はいつも数々のピンチをチャンスに変えてきた。彼の〝やり方〟は誰でもマネできるものではないけどね。ただ、**大切なのは〝考え方〟の方なんだ**。どんな仕事をする上でも役に立つと思うよ」

若き日の高山。彼はどんなふうに困難を乗り越えてきたのだろう。

「西久保さん、僕にその話を聞かせてもらえませんか？」

✔上司の無茶ぶりは〝アフターを断る〟ように

僕と西久保さんは、会議室に移動した。

「まず、この『上司の理不尽な要求のかわし方は、夜の接客術に学べ』って……」

「ああ。以前、ある企業PRのチームで、長時間労働が常態化していてね。諸悪の根源は、大量の業務を定時直前にねじ込んでくる上司だった。メンバーは次々と餌食になり疲弊していき……」

「そんなチームで働きたくないですね」

「そうだろう？　そして、とうとう高山君も標的になってしまった。しかし……」

西久保さんは、当時の高山と上司のやりとりを話してくれた。

悪徳上司A「おう、高山君。悪いが明日の朝イチまでに、5000人分の顧客

高山　データをエクセルにまとめといてくれ」

高山　「仕事を与えていただき、ありがとうございます！　ぜひやりたいです！」

悪徳上司Ａ「頼もしいな、高山君！」

高山　「その前に1本だけ電話をかけてもいいでしょうか？」

悪徳上司Ａ「何だ？　面倒なクレーム対応じゃないだろうね？」

高山　「実は今日、小学生の甥っ子が中学受験に備えて田舎から出てきてまして。うちに泊めてあげることになってるんです」

悪徳上司Ａ「そうなのか。じゃあ、仕事で遅くなるから家の中で待っているように言ってあげなさい」

(さすが悪徳上司。この程度では帰してくれない)

高山　「いや、あいつ鍵持ってないんで、ドアの前で待たせておきますね」

悪徳上司Ａ「えっ……」

高山　「この分だと、5時間くらいかかりそうですが……。まあ大丈夫でしょう！　受験は明日ですけど、何の問題もありません！　あ、ちな悪徳上司Ａみに今晩、雨降るらしいですよ」「……もういいから、早く帰りなさい」

なるほど。断りにくい用事を回避するために〝家族〟というパワーワードはかなり効きそうだ。さらに〝受験〟や〝天候の悪化〟で畳みかけ、強度を強めるとは……。

西久保さんが解説を加える。

「実は、これは夜の接客業に従事する方々がアフターを断る手法なんだ。しつこい客や面倒な客の誘いを軽やかに断りつつ、さらには〝家族を大切にする人〟という**プラスのイメージまで植えつけることができる**というわけだね」

「でも、中学受験だなんて、高山さんのご家族って教育熱心なんですね」

「フッ。もちろん、高山君にそんな甥っ子はいない」

「えっ……」

「そこで嘘をためらう必要はないんだ。最初から残業を当て込んで、担当外の仕事を押しつける上司が悪いんだからね。少なくとも、高山君はそう考えていると思うよ」

ピンチを鮮やかに乗り切るには、機転を利かせるスキルが必要ということだろうか。

理不尽な要求を堂々と跳ねつけるには〝心の強さ〟もなくてはならないのかも。

一朝一夕《いっちょういっせき》には身につけられないだろうが、交渉事には欠かせない技術だろう。

とは言え、このやり方は難易度が高すぎる……。

✔必殺！〝自主謹慎〟で定時に帰る

「でも、この方法って、さすがに何度も使えないですよね」

「まあね。高山君はその後も『甥っ子』を『両親』や『妹』に変えて、やりくりしていたけど。実際は、とっておきの場合だけ使うのがいいだろうね」

「乱発したら、とんでもない大家族に……。でも、他に対策があるんですか？」

「フフ……。次のページをめくってみたまえ」

「『残業には〝謹慎〟が効く！』とありますが……」

「ちょっと上級編になるけどね。以前、どうしても定時に帰りたい高山君がね……」

西久保さんは、新しいエピソードを語り始めた。

高山「課長、ちょっとお話よろしいでしょうか？」
悪徳上司B「何だ？」
高山「実は、先ほど重大なミスを犯してしまいまして」
悪徳上司B「おいおい、勘弁してくれよ。どんなミスか知らんが、俺は責任持たんぞ」
高山「はい。実は主要取引先の久保様宛てのメールを打った際にですね、〝久保様〟ではなく〝久保君〟と書いて送信してしまいました！」
悪徳上司B「何だ、そんなことか。で、ちゃんと謝罪はしたのか？」
高山「もちろん、謝罪の方はさせていただきました」
悪徳上司B「なら、問題ないだろ」
高山「ただ、自戒の念を込めて今日の定時以降は謹慎させていただこうと思います」
悪徳上司B「謹慎……」
高山「ハイ。自主的に謹慎いたします。では、定時になりましたので、これから謹慎に入らせていただきます」

悪徳上司B「あ？　ああ……」
高山「尚、仕事に対する自信を取り戻すまでは、自宅で謹慎を続けます」

「さっきよりも強引度が上がったような……」

「わざとミスをして、自主的に謹慎する。自作自演の巧妙なテクニックさ」

「これ、怒られません？」

「この上司の場合は、高山君の迫力とアホらしさに気圧《けお》されて、ぐうの音も出なかったようだよ」

「相手にもよるということですね」

「そう。**手持ちのカードが相手に有効かどうか、見極める力も必要なのさ**」

「日頃の観察力がものを言うと……」

「うん。それに、営業はサボりが本分！　余計なことにつき合っている時間はないよ」

その通りだ。無能な上司の都合につき合っていたら、コンビニや個室ビデオ巡りなどできないだろう。

高山はその後も、のらりくらりと時間外労働を回避したという。

最終的には終業時刻が近づくと気配を消して、上司が仕事を振る際の〝選択肢〟から自身を排除することに成功したらしい。

上司の評価を放棄する代わりに、自由な時間を手に入れたのだ。

西久保さんは昔を懐かしむように目を細めた。

「あの頃……。定時が近づくと、僕の目には高山君が透けて見えたよ」

「いや、さすがにそれは言いすぎでしょ」

✔やりたくないことには〝気遣い〟を見せる

さらに、高山はやりたくない仕事も巧みに回避してきたようだ。

「それがこの『苦手分野は〝無能〟と〝気遣い〟をアピール』ですか？」

「そうそう。高山君が事務能力ゼロなのは知ってるよね？」

「はい。壊滅的です」

「そう。だから、周りの人間は、基本的に高山君にそういう業務を回さないようにしていた。ただ、それを知ってか知らずか、悪徳上司がデータ整理とかを高山君に押しつけることがあってね……」

そんなとき、高山はこんなふうにキッパリ言うそうだ。

悪徳上司C「高山！ １００人分のアンケート結果、まとめてくんない？」

高山「もちろん、やりたいです！」

悪徳上司C「さすが高山だ！ 今日中によろしく頼む！」

高山「ただ、本当に私でいいんでしょうか？」

悪徳上司C「どういうことだ？」

高山「部長、私はエクセルの〝エ〟の字も理解できていないのです！」

悪徳上司C「お前、社会人が何言って……」

高山「つまり、この業務は私が化粧品売場で美容部員をやるようなもの！明らかにミスマッチです！」

悪徳上司C「いや、一応仕事なんだから……」

高山「私としても、このようなことを申し上げるのは本当に心苦しいのです。本当は部長のお役に立ちたいっ……」

悪徳上司C「なら……」

高山「ただ、私がやると、それをチェックする部長に多大なるご迷惑をかけてしまいます。少なくとも三度手間、最悪は五度手間を取らせてしまうでしょう。結果、会社にも大打撃となるやもしれません。そうなると、部長のお立場が……」

悪徳上司C「わ、わかった。もういいよ……」

西久保さんが一連の出来事を解説する。

「一旦はやる気を見せつつも、その後は自分の至らなさを示し、最終的に上司や会社を気遣うそぶりを見せる。そうすることで〝断ったようにみせない〟。なんとも狡猾な手口なのさ」

「それは、ちょっと拡大解釈しすぎですよ！　こんなの、ただ面倒くさいやつなだけじゃないですか」

確かに、同じ営業部として、巧みな話術には感心する。でも……。

「そもそも、やりたくない仕事をやらないって、社会人としてどうなんでしょうか?」

「君の言いたいことはわかるよ。特に、新人のうちはいろんな仕事を通して、得手不得手を学んでいくということもある。さまざまな部署を経験することで、多角的なものの見方をできるようにもなるだろう」

「そうですね」

「ただね、**何でも人並みにこなせる、器用な人間ばかりじゃない。**世の中にはいろんな人がいるんだ」

「高山さんも同じことを……」

「だろう? **別のことで頑張って、会社として結果オーライならそれでいい**じゃないか。社会の常識に合わせて自分を殺す必要はないんだ」

苦手な仕事を避ける代わりに、高山は誰よりも営業活動に精を出し、売り上げという結果を残してきた。そうして、得意なことや好きなことだけをやる〝特権〟を勝ち取り、自分の能力を効率よく伸ばし続けることができたということなのだろう。

高山のやり方はかなり力技だが、自分の得意・不得意を把握して行動を起こしていくのは大事なことかもしれない。

✔長い説教はあえて〝真剣に〟聞く

高山は若いうちから自分の特性を理解し、彼なりに精進してきたようだ。めちゃくちゃだが、働き方にはブレがない。他に、どんな豪快なエピソードがあるのだろう。

「次の『説教は日曜に聞け！』っていうのは？」

「ああ、それはね……」

突然ガチャリと音がして、会議室のドアが開いた。いつものひげ面が覗く。

「なんだ、西久保さんじゃないですか」

「おお！　高山君、いいところにくるじゃないか。ちょうど君の話をしていたんだ」

「じゃあ、俺もまぜてくださいよ」

「もちろんだ。今、あの話をしようとしていたところなんだよ。ほら、前の課にやたら話の長い上司がいたじゃない……」

「ああ。ありましたね、そんなこと……」

ある日、高山の課に新しい上司が来ることになったという。

その上司はいつもイライラしていて、部下への説教で怒りを発散するタイプだった。理由なき不機嫌に部下たちは神経をすり減らしていき、ついに上司のいら立ちの矛先は高山にも……。

「そういうやつ、本当は無視するのが一番なんですけどね」

身も蓋もないことを言うなよと、僕は心の中でツッコむ。西久保さんが高山をなだめた。

「まあ、若い人とか内勤の人の場合、そうもいかないじゃない」

「西久保さんの言う通りですよ。確かに何かわからないけど、朝からイライラしている人って、ときどきいますよね」

「あのときも始業直後に『高山君、ちょっといいかね』とか呼びつけてきたな」

「どう対処したんですか？」

「その瞬間にものすごい勢いでキーボードを打つふりをした。それで『課長、誠に申し訳ありません！　お話はぜひともお聞きしたいのですが、今からメールを68本返信せねばならず』って真顔で言ったさ」

「それ、絶対ウソですよね？　絶対、直前までツイッター見てましたよね？」

「フッ。察しがいいな。それでもアイツはあきらめなかった。『そんなに大事なメールなのか？』と追い打ちをかけてきてな」

「全然、効果ないじゃないですか」

「待てよ。ここからが本番だ。俺は手を止めてまっすぐ課長に向き直った。そして、こう言ってやったのさ」

高山は姿勢を正し、当時の口調をマネした。

「とは言え、課長のお話はどうしても拝聴したい！　課長さえよろしければ、**今週末、お時間を頂戴できませんでしょうか？**　日曜は丸一日空けておきます！　お話をじっくり伺い、心に留めおくために！」

「……で、どうなったんですか？」

「『いや、そこまでしなくていいよ』って逃げてったな。不要に話が長いやつってのは、人の時間は無駄にしても、自分の時間は無駄にしたくないのさ」

「相手にとってもハタ迷惑な代案を示すことで、見事に危機を脱したって言いたいんですか？　それって、たまたまうまくいっただけなんじゃ……」

西久保さんも尋ねる。

「もし上司が提案を真に受けて、日曜に説教をくらうハメになったらどうするつもりだったの？」

するると、高山はサラリと答えた。

「それはそれで、上司に取り入るチャンスですよ。そこから少しずつ上司のプライベート時間に浸食して、気に入られてしまえばいい。うまくいけば上司をうまく操れるようになるかもしれないし、**どっちに転んだって得しかありません**」

あれだけサボり時間を大切にと言っていた高山が……。何だか意外だった。

「高山さんも、そんなことするんですね」

「いつでも同じ手が通用するとは限らないだろ。商談だって、状況に応じて動かなきゃいかん。いくつかプランを用意しておく。そのためにも教養が必要だ」

説教を休日にリスケするというウルトラC。そして、最悪の事態も利用してしまおうという心意気。高山の豪快な危機回避スキルは、〝細かいことを気にしないメンタル〟と〝臨機応変に対応する力〟で成り立っているようだ。

8限目 社内ピンチから逃れる術を身につけよ～仕事編～

✔仕事が欲しいなら、〝不退転の覚悟〟を示せ

とんでもない手法の連発にうっかり感心しそうになるけど、さすがに気になることがある。僕はちょっと反撃してみた。

「今までの話を聞いていると、高山さんは単に逃げ回っているだけのような……」

「ふん、俺をなめるなよ。こんなことだってあるんだ……」

ある日、高山が所属する課にビッグプロジェクトが舞い込んだ。

でも当初、上司が選抜したメンバーに高山は含まれていなかった。難度の高いプロ

ジェクトをやり通すには、経験と覚悟がいる。若い高山には荷が重いだろうと判断されたのだ。

ただ、どうしてもメンバーに入りたい高山は、上司に直談判したという。

話を聞いて、西久保さんは「うんうん」とうなずく。

「高山君は社内で積極的に仕事を取りに行く、ということもしていたんだね」

「西久保さんもすぐ納得しないでくださいよ……」

呆れる僕を気にもとめず、高山は続ける。

「そのとき、俺は課長のいる会議室に乗り込んで『俺をメンバーに入れてください！いや、むしろリーダーにしてください！』って言ったね」

「どうしてそうなるんですか……」

「課長はえんえんと、プロジェクトの重要性とリーダーとしての責任とは何かを説いた。事務作業から逃げ、毎日定時退社しているお前に、覚悟があるのかとね」

「そりゃそうでしょうよ」

「だから、こうしたのさ」

するど高山は、何かを差し出した。西久保さんと僕は、思わず身を前に乗り出す。

それはパソコンのキーボードだった。

僕が「何を……」と言いかけた途端、高山は小指でEscキーを弾き飛ばした。

宙を舞うEscキー。唖然とする、西久保さんと僕。高山は吠えた。

「**もう俺、逃げないって決めたんで!!!**」

……どういうことなんだ？　戸惑う僕の横で、西久保さんが唸《うな》る。

「Escキーをなくす。つまり〝ノーエスケープ〟ということか……」

「さすが、西久保さんです。エスケープには英語で『逃げる』という意味がある。要するにこれは〝不退転の覚悟〟の表明！　これを機に上司の注目を集め、後に俺がサブリーダーとしてプロジェクトの主軸を担うことになったのは言うまでもありません」

「……もう、キーボード使えないじゃないですか」

「それも決意の表れなのさ」

「これ『ノーエスケープ理論』とか言って、シリコンバレーのスタートアップ界隈で流行ったらいいなあ」

「いやいや、今の話は絶対ネタですよね!?」

胸を張る高山の横で、西久保さんはぼんやり天井を見ている。

僕の声は二人には届いていないようだ。新人の営業マンが、安易にこのおじさんたちのマネをしないことを祈るしかない。

〝全力すぎる言い訳〟なら怒られない

僕は脱力して背もたれに体を預けた。もう、ついていけない。

「何かいろいろ無茶苦茶なんですけど……」

「ははは。若者にはちょっと刺激が強いかな」

西久保さんは笑った。

「ふん。そんなだから、お前はいいとこどまりなんだよ」

ムッとした僕を「まあまあ」と西久保さんがなだめる。

「そう言えば、高山君。若い頃はそのキャラクターのせいで、ときどき偉い人を怒らせてたよねえ」

高山は「そうでしたっけ」ととぼけている。僕が「でしょうね」とつぶやいたら、にらまれた。

「でも、不思議と大事に発展したことはないよね。いつの間にか何事もなかったかのように矛を収めてしまう」

「いやあ。でも岡村さんを怒らせちゃったときは、さすがにちょっと焦りましたね」

あるとき、高山は不祥事を起こして、アドウェイズの岡村陽久社長を激怒させてしまったらしい。

それだけならまだしも、直後に高山はとんでもないことをしてしまう。

高山は西久保さんに相談するつもりで、岡村社長からのお怒りメールの画面をキャプチャし「ヤバイ、社長を怒らせちゃった！（笑）」とＬＩＮＥを送った。

西久保さんの慰めを期待する高山。でも、次の瞬間凍りついた。なんと、送信先は岡村社長も参加しているＬＩＮＥグループだったのだ。

あろうことか、社長本人に誤爆してしまったのである。

「あのときはみんな『高山、おわったな』って思ったよね」

「そうですね。いろいろ覚悟しました」

二人ともヘラヘラしている。僕はちょっと笑えなかった。そんなことをしてしまったら、もう会社へ行けない。

「でも、俺が焦ったのは2秒だけ。すかさず放った、起死回生の一手がこれだ」

高山はＬＩＮＥの画面を僕に見せてきた。

「岡村さん、このキャプチャ画像は、岡村さんに言われたことを自分への戒めとするために撮りました。『天牌《てんぱい》』の黒沢が大敗したとき、賭場《とば》の庭先に転がっていた泥を〝戒めの泥〟として持ち歩き始めたのと同じです」

ポカンとしている僕に向かって、高山は得意げに説明し始めた。

「『天牌』は俺が愛読する麻雀漫画だ。伝説の麻雀職人・黒沢義明は常に泥を持ち歩き、麻雀で惨敗を喫《きっ》するたびに戒めとしてそれを噛むのさ」

「マニアックすぎますよ……。それで、どうなったんですか？」

「岡村社長が『天牌』を知っていたかどうかは定かでないが、一言『わかりました』とだけＬＩＮＥが返って来て、一件落着というわけだ」

「こんなの、苦し紛れの言い逃れだ」

「それは岡村社長もわかっていただろう。しかし、**言い訳もここまでバカバカしいと、もはや怒る気にもなれなかった**はずだ」

西久保さんがうなずく。

「確かに、LINEグループのメンバーはみんな、あのとき呆気に取られたと思うよ」

「中途半端に謝るくらいなら、相手を呆れさせるくらい豪快な言い訳をする。その方が清々しい」

「高山君はピンチのときでも『まだ逆転の芽はある』と考えていたんだね」

「もちろんです！『こいつはバカだが、かわいげがある』と思わせたら勝ちなんですよ」

「結局、あれから岡村社長に可愛がってもらって、おくりバント創設につながったんだもんね」

「えっ、そうなんですか？」

驚いた。そんなの初耳だ。僕の問いを気にせず、西久保さんは続ける。

「いやあ、それにしても見事なリカバリーだったね」

「ありがとうございます」

「でも本当に、ああいう返しをして、岡村さんは許してくれると思ったの？」

「いや、そこは賭けでしたがね」

高山は頭を掻《か》きながら笑っている。尊敬する先輩に褒められて、ちょっと照れているようだ。

「いずれにしても〝事を重くしない〟のが大事だと思ったんです。変に平謝りすると、いかにも深刻なミスをやらかしたみたいな空気がどんどんできていっちゃうじゃないですか。そうなると怒る方も引っ込みがつかなくなって、許しどきがわからなくなると思うんですよ」

「なるほど。しっかり計算しているんだね」

「はい。謝罪や言い訳をするにしても、単に『申し訳ありません』を連呼するんじゃなくて、なるべく〝ＰＯＰ〟に表現した方がいいと思っています。もちろん、相手によりますけどね。岡村さんはそういう機転を利かせられる人間が好きだとわかっていたから、思い切ってブッ込んでみました」

やるなあ、と西久保さんは高山の肩を叩いた。

✔怒られたときのセリフも生かす

「ちなみに、俺が別のヘマをしたときに、岡村さんから言われて人生で一番ビビった言葉があるんですが、これもちゃんと後で〝回収〟しています」

「何て言われたの？」

「『一応聞くけど、俺のことなめてます？』って」

高山は一体何をやらかしたんだろうか。

西久保さんも、ちょっと顔がこわばっている。

「それはドキッとするね」

「いやあ、冷や汗が枯れるかと思いましたね」

「だろうね。で、どうしたの？」

「ええ。実は、後日知り合いの家族同士でサーカスを見に行きまして。そのとき、子どもたちが席に水筒を置いておいたんですが、トイレに行っている間に、大学生のカップルが勝手に水筒をどかして座っちゃったんです」

「あらま」

「奥さん方が注意しても、どいてくれなくて。仕方ないから、俺が交渉することになったんです。休日だし公共の場だし、できるだけ穏便にすませたいじゃないですか。だから、一言だけ聞いたんですよ」

もしかして……。僕は唾を飲みこんだ。

「『一応聞くけど、俺のことなめてる？』って」

西久保さんは苦笑した。

「高山君の風貌で、そのセリフを言うと貫禄出るよね」

「いやいや！　岡村さんにはかないませんよ！　大学生たちは、慌てて逃げて行きましたがね」

おいおい。ちょっと間違ったら、捕まってしまいそうな手口じゃないか。

「怒られたことを負の遺産にせず、しかるべき場面で使用することで、その効用をしっかり〝回収〟しました」

「さすがだよ、高山君！　**どんなピンチもユーモアでチャンスに変えたり、別のピンチを乗り越えるために活用したりしてしまう**とはね！」

昔のピンチを語る二人は何だか楽しそうだ。僕はちょっとだけうらやましかった。

✔たかが仕事！　本当はもっと楽しく働ける

僕が描く〝正しい〟会社員像を、高山はことごとく破壊する。カルチャーギャップの連続に、なかなか思考が追いつかない。それに「それは高山だからできることなんじゃないか」と思うこともある。

ただ、一方で高山の豪快さやユーモア溢れる振る舞いに、憧れを抱いてしまう自分もいた。

こんなふうに大胆に振る舞えたら、軽やかに考えられたら……。もっと楽しく働けるのかもしれない。


僕にとって、仕事は基本的にツライものだった。

もちろん、日々の努力が数字に表れたり評価されたりしたら嬉しい。でも、その反面、理不尽なクレームや上司とお客さんとの板挟み、チーム内の不和など、納得いかないことやイヤなことも多い。

「世の中、ラクなことやキレイごとだけじゃ食っていけない」「仕事っていうのはそういうものだ」「ツラいのはみんな同じ」……。苦しみの対価として給料を得ているのだと、いつも自分に言い聞かせてきた。

高山もこれまで数々のピンチに遭遇している。長時間労働の強要、ウマの合わない上司、納得のいかない人事、社長のカミナリ……。目標を達成できずに営業マンとして挫折を味わったり、取引先の無茶ぶりに困ったりしたこともあっただろう。

それでも、高山はそれらを豪快にいなし、ときに面白がりながら突破してきた。

これから、僕の会社員生活にも、たくさんの試練が待ち受けているだろう。

でも、深刻に捉える必要はないのかもしれない。

〝たかが仕事〟だ。〝仕事なんて、若干いい加減なくらいでいい。何事も楽しんだもの勝ちだ。若き日の高山は、そんなことを教えてくれているような気がする。

9限目 後輩の信頼を勝ち取れ

✔正しい〝ヤキ〟の入れ方

「ちょっと真部君！　どういうことなの！」

クリエイティブ局の中西がものすごい剣幕で飛んできた。ストレートの黒髪を振り乱し、僕への敵意をむき出しにしている。

中西は入社2年目のコピーライターで、僕より3つ年下の女性だ。1カ月前から、とある新作化粧品の広告案件でチームを組んでいる。経験は浅いけど、とても優秀だ。ただ、それゆえに自分の考えが最も正しく、何よりも優先されるべきだと思い込んでいるフシがある。

そして、年下なのにタメ口である。ハッキリ言って苦手なタイプだ。

中西が怒る理由はわかっていた。クライアントが彼女のコピーを採用しなかったからだ。

「ぜんっぜん、納得できない。私の案の方が、商品の本質を捉えているはずなのに」

「僕もそう思うけど……。クライアントの意向なんだから仕方ないだろ」

「でも、私の案を強く推してくれってお願いしたよね。私のコピーの方がいいのは明らかでしょ。それが通らないのは真部君の折衝が足りないからじゃないの？」

さすがにムッとした。

そもそも、初めの案が出た段階で、クライアントのイメージからズレていることは指摘したはずだ。それに耳を貸さず、我を通したのは誰なんだ。

広告屋はアーティストじゃない！　あくまでクライアントの意向に寄り添うべきだろ！　そして、なぜタメ口なんだ！

……とぶちまけたかったが、それでは火に油を注いでしまう。

「とにかく、もう決まっちゃったんだ。君のコピーはいつも本当に素晴らしいし、次は通せるように精一杯努力するからさ……」

中西は最後まで聞かずに、憮然とした表情のまま去っていった。

まったく、なんて態度だ。これからしばらく一緒にやっていかなければいけないと思うと、気が重くなる。

「はあ……」

深くため息をつく僕の肩に、ポンと手を置いたのは……高山だ。

「どうだ？　ルノアールで一杯」

⧗　⧗　⧗

僕は高山に誘われるまま、近くのルノアールに移動した。

席につくなり、思わず愚痴を吐いてしまう。

「正直、中西さんには参ってます。だいたい、彼女は僕より3つも年下なんですよ。なのに君づけだし、タメ口だし、どんだけ舐められてるんだって話ですよ。自分が情けなくなります……」

「そうだな、お前は舐められているな。中西だけじゃない。この世の全ての後輩がお前のことを舐めているぞ」

「ちょっと高山さん……。それは暴言がすぎますよ」

「いや、これは事実だ。そして、お前はこれから入ってくる後輩にも未来永劫舐められ続けるだろう。お前の孫の代以降もだ」

「そんな、あんまりですよ……」

「なぜだかわかるか？」

「……全然わかりません」

「それはな、**お前が〝ヤキ〟を入れていないから**だよ」

「ヤキ？　何ですかそれ」

高山は質問を無視して、店員を呼ぶ。

「水出しアイスコーヒー2つと、ケーキセット2つ、あとサンドイッチ2つ」

ああ、僕の分も頼んでくれたのか。今日は一段とひどいことを言うけど、ちゃんと優しいところもあるじゃないか。

すると、高山はメニューを閉じて僕に手渡した。

「とりあえず、俺はそれで。お前は？」

僕は耳を疑った。

「ええっ！　一人で2セットずつ食べる気ですか？」

「当たり前だ」

「じゃあ、あとはアイスカフェオレ一つください……」

その後、料理を運んできた店員は「アイスカフェオレ以外、全部僕で」と高山に言われ、驚いていた。そりゃそうだろう。二人で来ているのに、ほとんど一人で食べるって言うんだから。

高山はものすごい勢いで完食し、熱いお茶をグビグビ飲み干した。

「フウ。これでわかっただろ？」

「……わかるわけないじゃないですか」

「やれやれ。お前もまだまだだな」

唖然としている僕を置いて、高山は総額５０００円超えの伝票をつかみ、席を立ってしまった。

✔喫茶店で器の差を見せつけろ

僕はオフィスに戻ると、急いで西久保さんのデスクへ向かった。

高山研究の第一人者に、この出来事を解説してもらおうと思ったのだ。

「……ということがありまして。高山さんが一体何を言いたいのか、僕にはさっぱりわかりません」

「ふむふむ。それは〝ルノアール理論〟だ」

「また理論ですか……」

「ただの喫茶店でスケールの大きすぎる注文をする。つまり、世間の常識を凌駕《りょうが》する豪快な行動！　それによって、圧倒的な器の大きさを見せつけるメソッドだよ」

それは、ちょっと豪快すぎる解釈じゃなかろうか……。

「フフ、納得できないかい？　いずれにせよ、君は高山君の規格外の注文に、かなりビビッたんじゃないか？」

「それは……。確かに普通じゃないな、とは思いましたけど……」

「だろう？　その時点で、高山君は君の心に『何かわかんないけど、この人ヤバい』

という畏怖の念を抱かせることに成功したと言える」

西久保さんはなぜか得意げだ。

「つまり、君は高山君にヤキを入れられたんだ」

「そのヤキを入れるっていうのがよくわからないんですけど」

「ピンとこないか。ほら、中学校に入学したときのことを思い出してみなさい。当時、周りに小学生時代のノリを引きずって、校内でいきがっていた同級生がいたはずだ。でも、そいつらは、ある日を境に急に大人しくなったんじゃないか？」

「そんなことがあったような、なかったような……」

僕の返事を聞かずに、西久保さんは続ける。

「それはね、上級生の先輩にシメられたからなんだ。中1からしたら、中3なんてほぼおっさんだろう？　そんな相手から一発かまされたらどうだい？」

「ヤバイって思って、次の日から大人しくしますね」

「そうだろ？　校内で舐めた態度なんて一切取れなくなるよ」

「つまり、後輩や部下に舐められたくなかったら、最初にガツンとかまさなきゃいけないってことですか？」

「その通り。人は誰しも中学時代にヤキを入れられたトラウマを引きずっている。それゆえ、先にカチコミをかけられたら永久に服従する習性を持っているんだ」

一体、いつの時代の話なんだ。僕は上級生にヤキを入れられたことなんかないぞ。

ただ、人間関係においてファーストインプレッションが大切だというのはわかる。

「でも、殴ったり怒鳴ったりするのは問題なんじゃ……」

「もちろん、それは社会人としてアウトだ。そもそも、暴力や権力で従わせるのは間違っている。だから、**大人のやり方で器の違いつまり〝ヤバさ〟を見せつけなくちゃいけない**」

西久保さんは例のノートを広げて見せた。「大人のヤキの理論」と書かれた図が描いてある。僕はその変な図を見ながら尋ねた。

「そのやり方っていうのが、ルノアールで5000円使うことなんですか？」

「その通り！　だって、君はそんなのやったことがあるかい？」

「いえ……さっき初めて見ました」

「だろう？　だから、強烈なインパクトを残せる。**居酒屋で5000円奢る、なんてのは普通すぎる！**　部下はすぐ忘れてしまうだろう」

図12　大人のヤキの理論

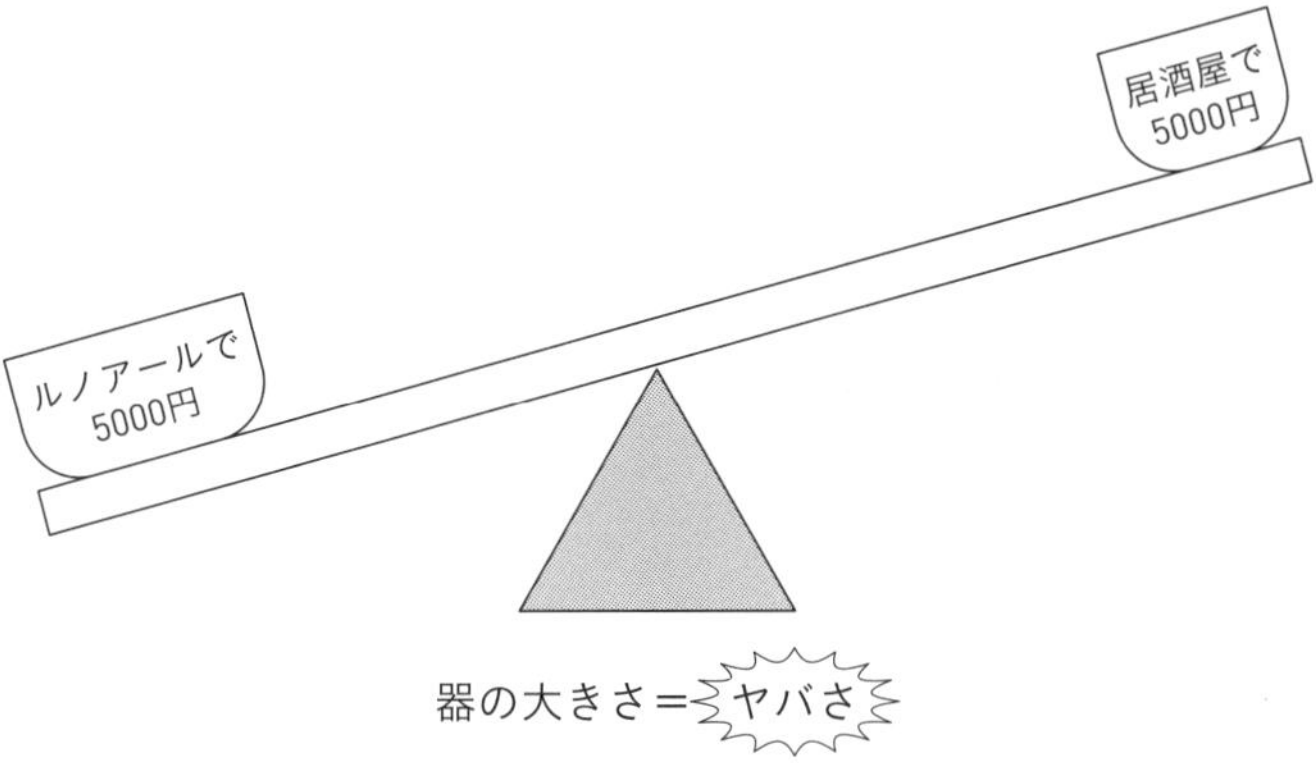

むしろ、居酒屋で5000円はちょっと少ないような……。

「ゆえに、ルノアールでの豪遊は心に残る。一晩で2億円奢った勝新太郎大先生レベルの伝説的エピソードを、相手の記憶に刻むことができるんだ」

「そうなんですか。ていうか、勝新すごいっすね」

「いいヤキの入れ方を身につければ、君だって勝新になれるさ！　別にルノアールじゃなくたっていい。真部君なりのヤキってやつを、考えてみたらどうだい？」

オリジナルのヤキ……か。これまで、さまざまな高山流コミュニケーション理論を教えてもらった。

でも、マネするだけじゃ、ダメなんじゃないか。先人の知恵をもとに新しいものを生み出したり、既存の理論を発展させたりしないと、成長したとは言えないだろう。僕は中西のことを考えた。何とかこの案件が動いている間に、僕自身の力で、彼女にヤキを入れてやろうじゃないか。

✔後輩にはオリジナルの理論をかませ

後日、僕は中西と共に取引先へ向かうことになった。

彼女のキャッチコピーを採用しなかった、あの因縁のクライアントだ。

ただ前回見送られたとは言え、先方は中西の言葉のセンスを気に入っているようで、別の新商品のキャッチコピーについて相談したいと言ってくれたのだ。

そのため、今日は上機嫌な中西。僕への態度も別人のように柔らかくなった。

「真部君、この間はゴメンね。つい頭に血が上ってしまって。あの後、真部君が私の案を猛プッシュしてくれてたって聞いて、本当に反省したんだ……」

そう言って、しっかり頭を下げた。仕事に全力で取り組んでいるからこそ、激しくぶつかってくることもある。でも、決して悪い人間ではないのだ。間違いを認める素直さも、ちゃんと持っている。タメ口は改めてくれないけれども。

ともあれ、ここは中西から尊敬を得るチャンスかもしれない。僕は温めていた理論を実践することにした。

⧗　⧗　⧗

オフィスを出て新宿駅にやってきた僕と中西。僕は「Ｓｕｉｃａを忘れた」と言って券売機へ向かった。中西が後ろについてきたのを確認して尋ねる。

「恵比寿駅までっていくらだっけ？」

「ちょっと待ってね。今、路線図を見てみ……」

「まあ、いいや。これで行けるだろ」

僕は中西の回答を待たず、券売機に１０００円札をねじ込み、８４０円のボタンを力強く押した。

「ちょっと真部君！　何やってるの？　新宿から恵比寿まで、８４０円も絶対かからないよ！　なんて無駄な……」

「いいかい、中西さん」

彼女の方に向き直る。僕はハードボイルド小説にでてきそうな、クールな主人公の口調をマネた。

「ビジネスではタイムイズマネーだ。路線図を見上げているヒマなんてない！」

勢いを緩めず、さらに語りかける。

「それに、今日は僕らにとって勝負の日だろ。早めに現地に着いて、クライアントのオフィスの近くで戦闘準備を整えよう。そのためなら数百円なんて惜しくない！」

よし！　前日に何度も練習したおかげで、淀みなく言えたぞ！　僕は心の中でガッツポーズをした。

これが、僕の編み出した〝都電チケット理論〟だ。

距離に関係なく一律料金である都電のように、金額を気にせずチケットを買う。もちろん、初乗り料金じゃない。本来160円の切符で十分な状況において840円の切符を買うことで、圧倒的な豪傑《ごうけつ》ぶりをアピールできる。……たぶん。

僕は中西の反応を伺った。動揺を隠すため、目線をそらさないようにする。

彼女は数秒ポカンとしていたが、プッと吹き出した。

「何それ、バッカじゃないの？　かっこよくキメたつもりかもしれないけど、鼻毛出てるよ。しょうもないこと言ってないで、トイレで抜いてきなさい！」

僕の背中をバシっと叩く。ヤキを入れるどころか、より舐められてしまった……。

でも、これで彼女の緊張もほぐれたようだ。

先方との打ち合わせでは、和やかな雰囲気のまま会話も弾み、受注に向けて確かな手応えを感じることができた。今度の案件は、きっとうまくいくに違いない。

▼▲　▼▲　▼▲

オフィスを出た僕らはそのまま飲みに行き、互いの仕事論を語り合った。

僕は中西のことを、ひらめきで仕事をする天才タイプだと勝手に思っていた。

でも、実は超がつくほど勤勉な努力家。一つひとつのコピーを生み出すために膨大なリサーチと推敲を重ねていることを知った。

それから、僕は素直に彼女を尊敬するようになった。むしろ、僕が中西にヤキを入れられたわけだ。

ただ、同じチームのメンバーとして僕らの距離はグッと縮まった気がする。お互いに信頼して仕事を任せられるようになった。中西のタメ口は相変わらずだけど。

これはこれで、良かったのかもしれない。

10限目

“ゆるふわ”な関係を作れ

✓甘えられる環境を整える

9月某日。僕と高山は沖縄にいた。北谷町《ちゃたんちょう》にある大型リゾートホテルのPR動画を制作するためだ。

撮影後、高山はアメリカンビレッジの古着屋に行きたいと言い出した。

「高山さん、古着に興味あったんですね」

「まあな。でも今回は、自分用に買うわけじゃない」

「え、じゃあ何のために？」

「これはある人への土産……というか貢ぎ物だ」

「貢ぎ物？　社内の人にですか？」

「何か文句でもあるのか？」

「いや、別に……」

出張の際、社内の人へお土産を買うことは珍しくない。でも、普通お菓子とか食べ物だろう。お土産に、古着ってどうなんだ？

それに〝貢ぎ物〟とは穏やかではない。社内の誰かと〝ただならぬ関係〟にあるのだろうか？

ヴィンテージの子ども服を物色しながら、高山が大きなため息をついた。

「ホント、バカだと金がかかるよ……」

⧗　⧗　⧗

沖縄出張を終えてオフィスに出社すると、高山が誰かと話していた。

というか、詰められていた。

「高山さん！　沖縄出張の経費精算の締め切り、今日までですよ。18時すぎたら、今度こそ受け取りませんからねっ！」

高山に厳しく詰めよっているのは……経理部の佐田さんだ。

「ハ、ハイ。ほんとにすみません。今度こそ必ず出しますので……」

提出した書類の不備でいつも迷惑をかけているせいか、どうも佐田さんには頭が上がらないらしい。

高山は額の汗をぬぐうと、おずおずと包みを差し出した。

「あの……これ、食べたいって言っていた、ちんすこうです。それから、この古着は息子さんに……」

あっ。あれは沖縄で買っていたものだ。貢ぎ相手は佐田さんだったのか。

佐田さんの眉間のしわが消えた。笑顔で包みを受けとっている。

「あらっ。いつもゴメンナサイね。ありがたくいただきます」

ホッと一息つく高山。

でも、佐田さんの追及はここで終わらない。ピシッと高山に指をつきつけた。

「それとこれとは別ですから！　ちゃんと、出すもの出してくださいよ」

「はいぃ……」と情けなく答える高山を置いて、佐田さんは去っていった。

……まるでコントだ。みんな二人のやりとりを見てクスクス笑っている。

〝事務オンチ〟の営業部高山と〝書類チェックの鬼〟の経理部佐田の攻防。

図13　甘えられる環境ができるまで

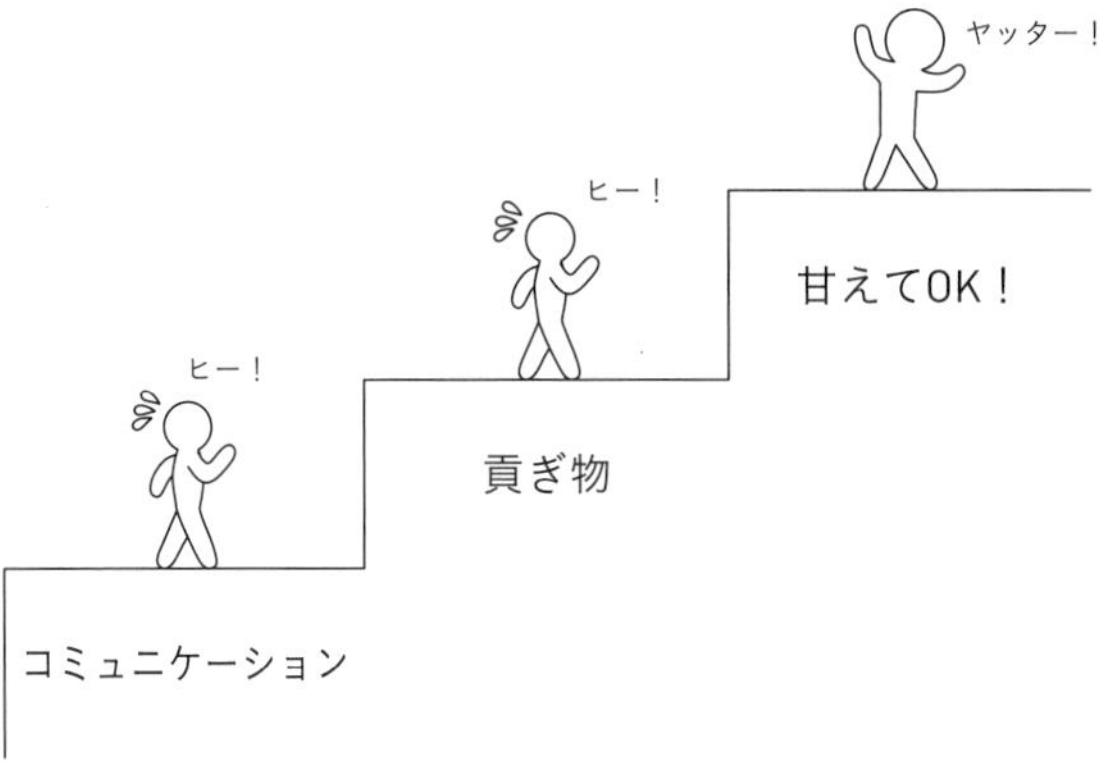
ヤッター！
ヒー！
甘えてOK！
ヒー！
貢ぎ物
コミュニケーション

これはもはや、社内でおなじみの光景のようだ。高山のダメっぷりは、自他共に諦めているのだろう。

そう言えば、高山はよくこうした小さなプレゼントを社内の人に渡している。

出張の際はリクエストされたお土産を買ってきたり、相手の好物をお中元やお歳暮として渡したり。この間は「夜食に」と言って家二郎を配っていた。思えば、味変調味料だって、無料のサービスだ。

そうか。わかったぞ！

僕はノートを広げて、忘れないうちにメモを取る。わかりやすく図も描こう。

まず、高山は味変調味料やお土産スタンプラリーを通して、コミュニケーションをはかり、相手の好みを聞き出す。その後、営業力によって得た財力をもとに、定期的に、社内の主要人物へ貢ぎ物をする。

そうして、単なる社交辞令を質の高い〝日頃の埋め合わせ〟に昇華しているのだ。結果的に、高山は甘やかしてもらえる環境を作り出した。

なるほど。まさに「バカだと金がかかる」というわけか。

✔〝大きなお願いごと〟を聞いてもらうには

「真部君、それ本気で言ってるの？」

ある日の午後、僕は中西と話し合って……いや、詰められていた。

先日僕らが提案した新商品の広告は、順調に制作が進んでいた。ところが、先方が急にキャッチコピーを修正したいと言ってきたのだ。

「デザインにも影響するから、すぐには修正できないよ」

「そこを何とか……お願い！」

「無理だよ。先方に、ちゃんと社内で確認するよう言わなかったの？」

中西の〝口撃〟は止まらない。

「もちろん言ったさ。でも、もっと上の部署の人が出てきたらしいんだよ」

「急な修正がクオリティの低下や納期の遅れにつながることも、初めに説明したの？　そもそも、そういう事態もスケジュールに組み込んでおくべきでしょ」

僕が黙っていると、中西がチッと舌打ちした。

「甘いのよ、いつも」

さすがに頭にきた。

「とにかく、先方が気に入らないって言っているんだ。キャッチコピーを作った君にも責任があるはずだろ。直してくれないと困るんだよ！」

「何よ、それ」

ヤバい！　中西の顔が真っ赤になっている。本気で怒らせてしまったようだ。

「もう知らない！　勝手にすれば！」

台風のように、中西は出て行ってしまった。

まずい、まずいぞ。このままじゃ納品できない。

焦った僕は、高山に電話しようとして手を止めた。その時、何か地鳴りのような音が聞こえた。すぐそこの〝撮影中〞と張り紙された会議室の中からだ。

そっとドアを開けると……高山がいた。いびきをかいて寝ている。

まったく。〝撮影中〞だなんて。誰にも邪魔されずに寝るために、うまい口実を作ったもんだ。僕は高山を乱暴にゆすった。

「高山さん！　起きてください、高山さん！」

「なんだ、お前か」

「大変なんです。実は……」

僕はこれまでのいきさつを高山に話した。

「中西には本当に参っています。何で彼女は……」

「いや、お前が悪い」

「ちょっと、最後まで聞いてくださいよ」

「聞くまでもないな。お前は〝頼み方〞ってもんが全くわかってないんだ」

「僕はちゃんと〝お願い〞って言いましたよ」

「やれやれ」と言って、高山は電話をかけ始めた。

スピーカーホンにしてテーブルに置く。

「はい」と女性が出た。中西だ。

「もしもし、中西さん？」

「高山さん、どうしたんですか？」

「いやあ、ちょっと聞きたかったんだけど、中西さんのお父さんって糸井《いとい》重里《しげさと》だったりする？」

「……違いますけど、何でですか？」

完全に引いているじゃないか。勘弁してくれ。彼女は今機嫌が悪いんだぞ。

僕の心配をよそに、高山はさらに畳みかける。

「いや、言葉の選び方に情緒とソリッドなセンスを感じるなと、常日頃から思っていたんだよ」

「違いますね」

「あれ？　そうなの？　いや、てっきり糸井の血の継承者かと……」

中西は黙っている。明らかにまずい感じだ。でも、高山はめげない。

「ちなみに、最近どう？」

「別に。まあまあって感じですよ」

「そう。ならよかった。それだけです」

おいおい、一体何のために電話したんだ？

「えっ!?　いやいや、それだけじゃないですよね！」

まさかの展開に、中西も困惑している。高山だけが平然としていた。

「いえ、本当にそれだけです」

もう我慢できない。僕はスマホを取り上げようとしたけど、高山に押さえられた。

中西のため息が聞こえる。

「……本当にそれだけなら、マジで怒りますよ！　ほら、本当の用事は何ですか？」

「いやあ、ね。本当に大した話じゃないんだよ？　ただ……真部が担当しているあの案件のコピーの修正なんだけど、何とかお願いできないかな、と」

「なるほどね。それは無理ですよ、ゼッタイ」

「気持ちはわかる。でも、中西さんにしかできないだろ？」

「急に言われても困るんです。他の案件もあるし」

高山は肩を落として悲しそうな声を出す。

「……そうだよな。真部がダメなせいで、君に迷惑をかけて……本当に申し訳ないっ」

僕は高山をにらんだけど、無視された。

「謝られても……それに、高山さんのせいってわけじゃ……」

「とにかく！　あいつは、中西さんの言葉のセンスに追いつかせるために、漢字ドリルから勉強させる！　ついでに上司の俺もする!!」

バンッ、と机をたたく高山。

ウソだとは思う。でも……だとしたら、すごい演技力だ。

中西の動揺した声が聞こえた。

「ちょっと！　何もそこまでしなくても！」

「いいんだ……俺たちが悪いんだから」

「いやいや、だからって……」

「でもさ」

高山は一呼吸置いた。

「さすがにこのままじゃ、真部も納得できないだろう。だから、最後にもう一度チャンスをくれないか？　ダメだったら……とりあえず、二度と真部の顔を見なくて済むようにするから」

……本気じゃないよな？

「それに、今回は先方が君のセンスに追いついていない、というのもあるだろう。俺の方からクライアントにも漢字ドリルをやってもらうようお願いしておくから！」

ああ、頼む。これ以上無茶を言わないでくれ。

「うまくやってくれたら、マイクロソフトを買収して、中西バージョンのオフィスソフトを作ることを約束するよ」

「はいはい。できない約束なんてしなくていいですから！」

そう言うと、中西は黙り込んでしまった。僕があれだけ怒らせたうえに、高山はふざけたことばかり言っている。引き受けてもらえないのも当然か……。

諦めかけたとき、中西が今日一番の深いため息をついた。

「もう！　本当に今回だけですよ」

「ありがとう、中西さん！　助かるよ！　そう言えば、君の髪型って『チャイニーズゴーストストーリー2』のジョイウォンにそっくりだよね。さすが、そこをチョイスするセンスが素晴らしい！　確か、前に中国映画が好きって言ってたじゃ……」

ブツン。電話は切れた。……今、中西はやってくれるって言ったのか？

横を見ると、高山はどうだと言わんばかりの顔だ。

「誰に対する、どんな頼みごとでも基本的なアプローチは変わらない。大事なのは〝頼みごとをメインにしない〟ってことだ」

✔ピンチヒッターの作り方

翌日の朝、中西から修正されたデータがメールで送られてきた。

ホッと胸をなでおろし、データを先方に転送する。

高山にお礼を言いに行くと、俺のおかげだなと笑った。

「**人に何かをお願いするときは、〝お願いごと〟から会話を始めるべきじゃない。**あくまで**挨拶や褒めの〝ついで〟を装う**んだ。特に、しようもない褒めや媚びから入れば、〝何かあるな〟と相手に心の準備をさせることができる」

「中西、ちょっと怒っていましたけどね……」

「どのみち初めから用件を言っても、聞いてもらえなかったんだろ？」

「それはそうですけど……」

「無理っぽいお願いほど、正攻法で行かない方がいいのさ。中西だって、最終的にはやらなきゃならないってわかっていたはずだ」

「じゃあ、最初からやってくれれば……仕事なんだし、先方の要望なんですから」

「お前、本当にわかってないな。そういう態度が、自分の首をしめているんだ」

高山はやれやれと頭を振った。

「仕事だから、客の言うことだから、先輩の言うことだからやるのが当たり前だ、なんて感じが悪いと思わないのか？　そんなんじゃ、お前の周りの人間は、ここぞという場面で頼れる〝ピンチヒッター〟になってはくれないぞ！」

「ピンチヒッター？」

「**自分の苦手分野をカバーしてくれたり、緊急事態に対応してくれたりするピンチヒッターはたくさんいた方がいい。**多少のことでは動じなくなるからな。**何とかしてくれる〝関係性〟が多いと、常に平**

図14　ピンチヒッターの成分

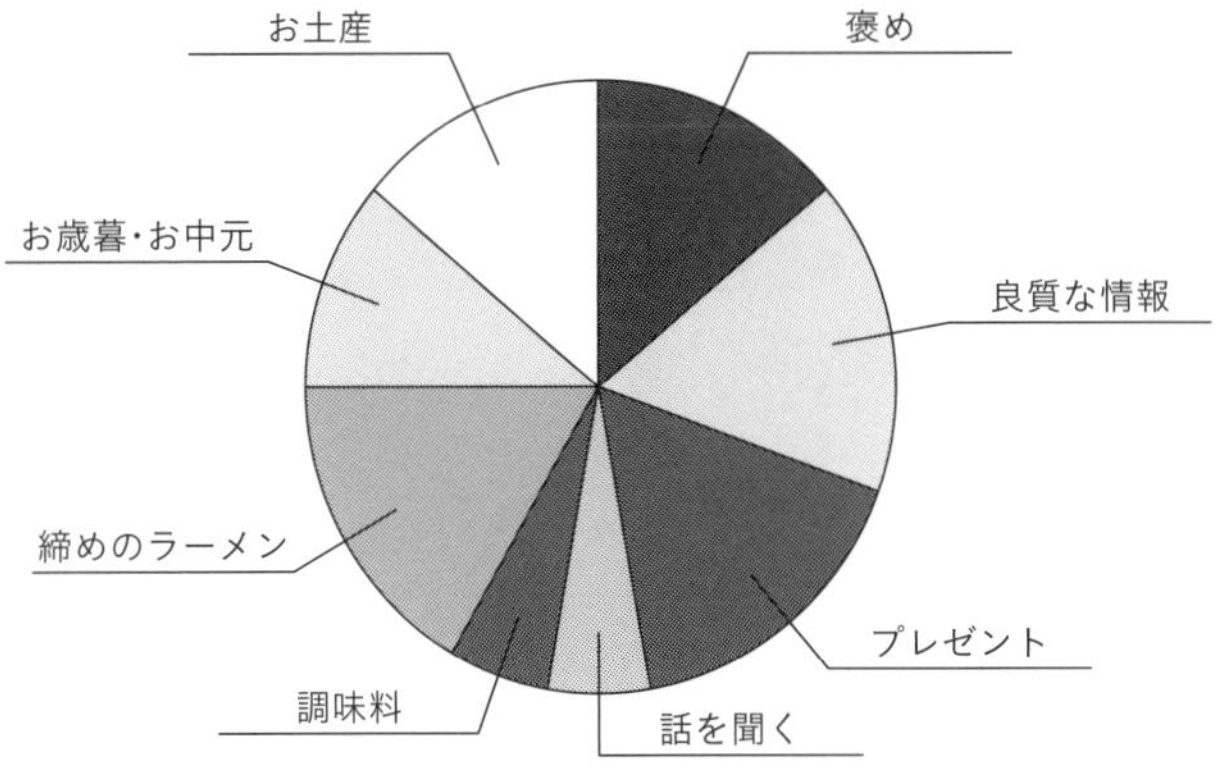

常心でいられるんだ。そのためには、普段からコツコツと〝恩〟を売っておくこと」

　高山は机の下に落ちていた紙を拾い、円グラフを描きだした。

「恩ですか？」

「例えば、俺は締めのラーメンを必ず奢って来た。1回は1回ですよ、ってな。すると、たった700円が、のちのち地味に効いてくる。自分が困ったときに『あのときのラーメンうまくなかったですか』って聞いたりしてな」

「何か、いやらしいですね……。でも、そのやり方だと、お金が続きませんよ」

「そうだな。まあ、本当は何でもいいんだ。味変調味料を貸すのでも、美味しいお店を教

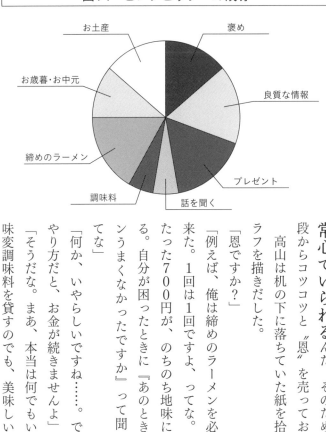

えるのでも。相手の趣味の話を存分に聞くのでも」

「それなら、いつでもできそうですね」

「とにかく、**日頃からお互いに気負わない程度の貸し借りを作っておく**のさ。チリも積もればなんとかって言うだろ?」

なるほど。ちょっとしたコミュニケーションやプレゼントは、ピンチを乗り切るためでもあったのか。

✔頼みごとの〝最終形態〟とは

「ちなみに、この方法は金を借りるときにも使えるんだ」

「そんな頻繁に人からお金を借りたりしませんよ」

「ふん! おれは今まで何度も倒産の危機に陥ったが、そのたびに数百万の金を集めて乗り切って来たんだぞ!」

「自慢になっていませんよ」

「何を言うんだ。お願いごとの極みである〝人から金を借りる〟ことができるようになってこそ、プロの営業マンを名乗れるんだ」

「またまた……」

「まあ、中西にあしらわれているお前には来世でもできんだろうな」

僕はムッとした。

「そもそも、そんな簡単にお金を借りられるわけないですよ」

「ふん、また決めつけか。西久保さんなら〝無駄遣いしないように月末まで無利子で預かっておいてあげる〟とか、飲んでいるときでも〝金がないからって、今から俺だけ帰るわけにはいかない〟とか言えば、2~3万はすぐ貸してくれるぞ」

「それは西久保さんだからですよね。赤の他人から数百万円を借りるのは〝ついで〟じゃとても……」

「もちろん簡単じゃない。だからこそ、奇策が必要だ。それに、金を無心される側になってみろ。いきなり金の話をされたら『自分はただの金ヅルなのか』と気分が悪くなるんじゃないか?」

「……そうですね」

「たとえ、目的がバレバレでも、あくまで『金はメインじゃない』という〝体《てい》〟を取らないといけない。これは、金を借りるときの最低限の礼儀だ」

「言いたいことはわかりますけど……」

「とにかく、いくらピンチでも必死になってはいけない！　相手に〝死相〟を見せてはいけないんだ！」

「死相？」

「『金の切れ目は縁の切れ目』なんて言うせいか、お金の話は特に重たくなりがちだ。みんな神妙に『お、お金を貸してくださいっ……』となってしまう」

「それがお金を借りる人の正しい態度なんじゃ……」

「そうかもな。だが、お前はそんな死相が出ているやつに金を出したいと思うか？」

「……なんか、貸したら返ってこなそうですね」

「だろ？　だから、さも絶好調かのように振る舞うんだ。自分は体調も気力も万全で、やる気に満ち溢れている。ただ、唯一お金だけがない。一番〝つまらない〟お金を理由に大切なことを諦めたくないんだと。それくらい威勢がいい方が、相手も安心だ。きっぷよく払ってくれる」

「でも、いつも同じ手が通用しますかね？」

「もちろん、成功率100%じゃない。ただ、アプローチは他にもいろいろある」

「例えば?」

「俺にお金を預けてくれたら社長も徳を積めますし、俺は今後そのことを方々に言い続けます。そして、いつか社長が『俺はあの高山に金を貸したことがあるんだ』と言えるような男に必ずなります!」

「ふざけすぎです……」

「事態を深刻にせず、軽さを演出すには、こうした冗談を交えるのが効果的なのさ。

無理な頼みごとをするときこそPOPに、いや〝ゆるふわ〟な世界観を作るべきなんだ。俺はこれを〝サンリオ理論〟と呼んでいる」

「サンリオ? キティちゃんの?」

「そうだ。サンリオの世界は無償の愛に溢れている。ケーキを落としちゃったけろけろけろっぴにマイメロディが『わたしのを食べなよ』と差し出すんだ」

「マイメロとけろっぴって、そんなに仲良しでしたっけ?」

「二人の関係性については定かではない。何にせよ、サンリオの世界の住人なら、必ずピンチに陥った仲間を助けるはずだ! そんな**優しい関係性を多くの人と**

作ることができれば、どんなピンチだって切り抜けられるさ」

金とか愛とか徳とか……。何だか壮大な話でついていけない。

今の僕は会社員だから、倒産の危機に見舞われて数百万の借金をお願いしなければいけなくなることなんてない。

ただ、これから大きな仕事を任せてもらえるようになったら、どうだろうか？　凡庸な手段では、切り抜けられない場面も出てくるのではないだろうか？

今よりもっと重要な局面に立たされたとき、ちゃんと対処できるのか……。ちょっと自信がない。

高山はどんなピンチに見舞われても豪快かつ楽しく生き抜くために、トライ&エラーを繰り返し、自分の理論を展開させてきたのだろう。

僕が〝都電チケット理論〟を編み出したように……。

いつもふざけている高山。でも、彼の話には、まっとうな教えも多く含まれている。

それは、かつての高山も僕と同じように〝平凡なビジネスマン〟が直面する危機だけでなく、経営者としてもっと大きなピンチを経験してきたからだと思う。

それらを乗り越える中で、自分らしく働こうと、必死にもがいてきたに違いない。

僕はスマホを取り出して、ショートメールを打った。

「中西、今日は本当にありがとう。昨日はイヤな言い方してごめん。今度、ラーメンでも奢るよ」

すぐに返事が来た。

「ラーメン一杯ぐらいじゃすまないわよ！　でも、私も言いすぎた。ごめんなさい」

ポンコツ営業部真部と敏腕コピーライター中西のコントは、まだまだ続きそうだ。

第二部サボりノート

メモ❶ 社内コミュニケーションは、“攻め”と“守り”で制す

メモ❷ サボり時間を死守せよ！　ただし、手段は状況に応じて使い分けること。

メモ❸ “つらみ”は“笑い”に変える！　その力が未来をひらく。

メモ❹ なめられるのは自分が悪い！　大人の風格をオリジナルで身につけよ。

メモ❺ 無理そうなお願いこそ、軽く頼んでみる

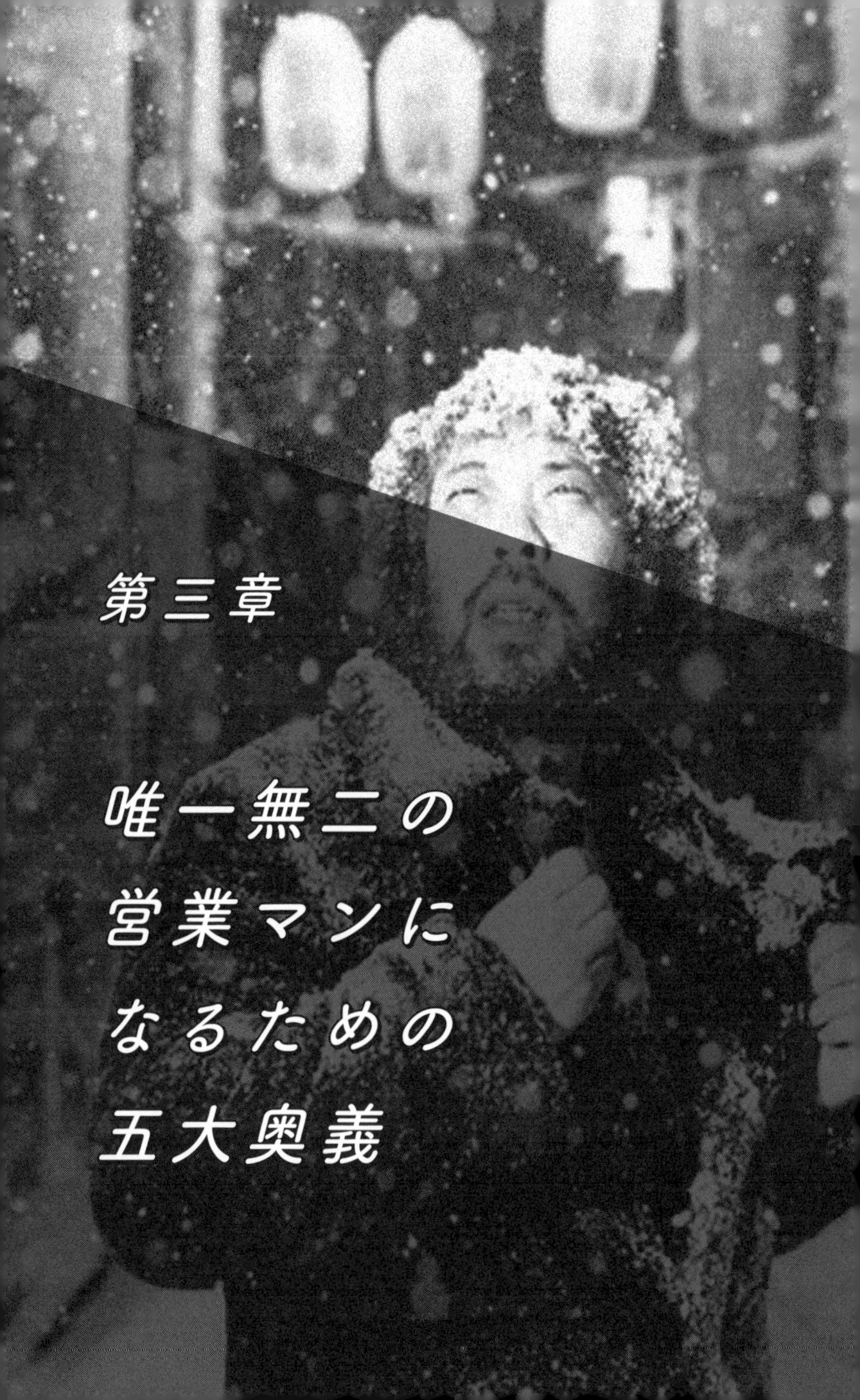

第三章

唯一無二の営業マンになるための五大奥義

Introduction

デキる営業マンはいつも飲み屋にいる？

僕がおくりバントへ預けられて、早くも3カ月がすぎようとしていた。

最近、社内の人たちとよく話すようになったと思う。

この間のランチタイムでは、インスタントのやきそばには何の調味料が合うかで、盛り上がった。全国各地のお土産にもかなり詳しくなったので、初対面の人とでも、とりあえず地元トークで会話ができる。

他部署の人ともつながりができた。話を聞いていると、今まで営業の仕事しかしてこなかった僕には勉強になることばかりだ。

いろんな人とコミュニケーションすることで、前よりも世界が広がった気がする。

佐田さんとも親しくなった。今では高山の代わりに僕が書類を提出している。昨日も少し遅れてしまった請求書をちゃんと受け取ってもらえた。

もちろん、相変わらず、サボりも続けている。

今の僕は端から見れば、社内でも社外でも、充実した毎日を過ごしているように見えるだろう。

でも、一つ不満がある。

営業らしい仕事をさせてもらえていないのだ。プレゼン資料の作成やデータの整理、経費関係の書類処理など……最近、事務仕事ばかりしている。

僕はどうにかして高山の営業に同行しようとしたが、やはり、本人はなかなか会社に姿を現さない。

ツイッターを探ったところ、サボり場以外に、夜はほぼ毎日飲みに行っているようだ。

そう言えば前に、自分のことを〝360日飲み歩くプロ飲み師〟って言っていたな。

「飲みもサボりも俺の仕事だ」とか何とか。

遊びみたいなやり方でも会社がつぶれないのだから、本当に不思議だ。

もしかして、飲みに行くのも、何かちゃんとした理由があるんだろうか。

ああ！　飲みの接待でも、飛び込みでもいいから、営業らしいことがしたい。

僕は今日も空っぽの高山の机を見て、ため息をついた。

11限目

接待の基本を押さえよ

✓接待するなら、行きつけの飲み屋で

ある日、僕はクライアントを接待するお店の手配を頼まれた。

いい店を提案して〝できる〟ところを見せれば、普段の営業や接待に同行させてもらえるかもしれない。ついに、〝プロ営業師〟高山の営業術を学べるのか？

よし、まずはグルメサイトで評価の高いお店をピックアップだ。それから、しっかり下見をして候補を絞り込んでいく。

最終的に3案にまとめて、高山に相談した。

でも、僕が選んだお店はいずれも、高山にはあまり刺さらなかったようだ。

「ネットの評判がいい店より、お前自身が本当にいいと思う店を選んだ方がいい。自分がその店の良さをきちんと語れるくらい、な。ベストは自分が普段から通っている〝行きつけ〟のお店で接待することだ」

「自分の好みで選んでいいんですか？」

「そうだ。だが、もちろん、相手の嗜好を最低限ふまえた上での話だぞ」

「でも、お得意さんを自分の行きつけに連れて行くって、失礼じゃないですか？　友達でもないのに……」

「そんなことはない。むしろ、先方は一緒に仕事をするお前の〝人となり〟を知りたがっているはずだ。それには自分のテリトリーに招待するのが一番だ」

「そういうもんですかね」

「スポーツと同じだ。ホームグラウンドなら余裕を持って接待できるし、会話しやすい席もおすすめのおつまみも把握できている。つまり、**自分の得意な陣形で戦うことができる**わけだ。さらに、接待を有利に運べるオプションも期待できる」

図15　得意な陣形で戦う

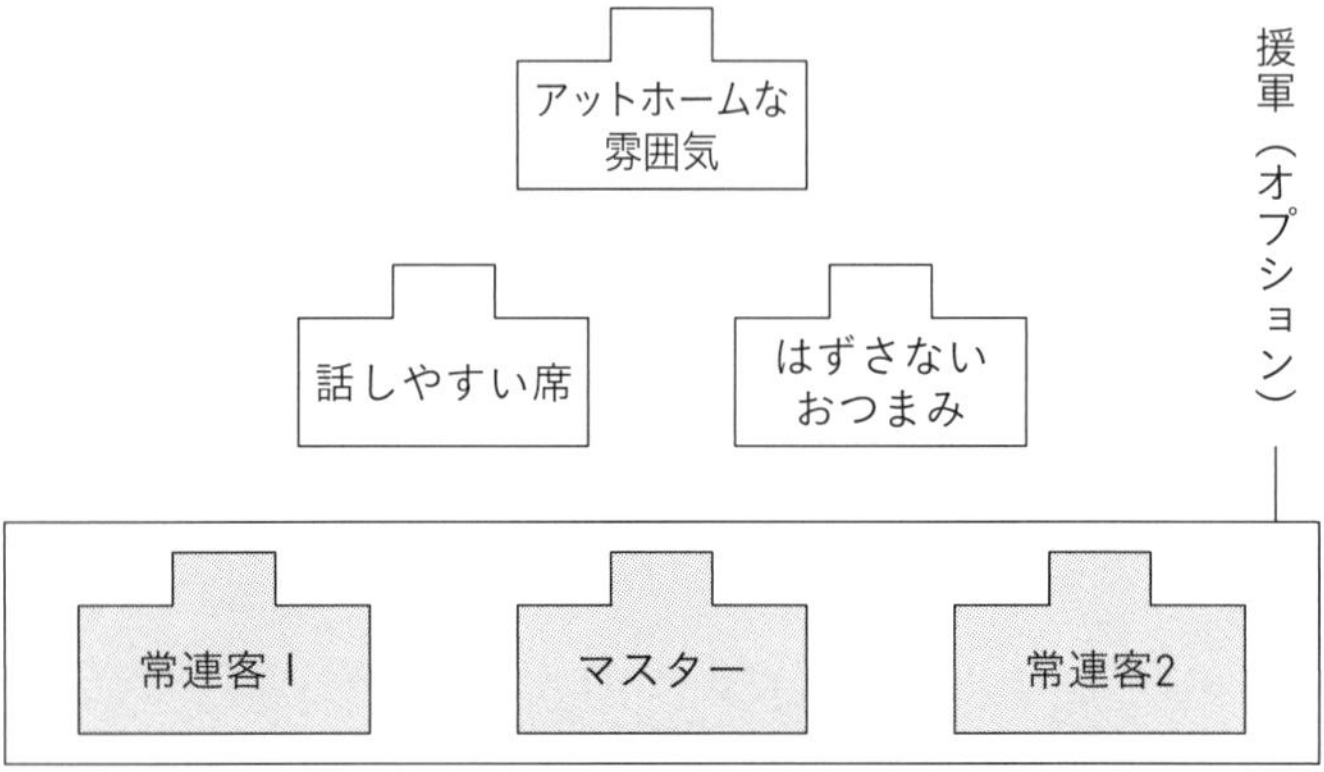

高山は変な陣形が描かれた紙を渡してきた。アットホームだのおつまみだの、何やらいろいろ書いてある。

「オプション？　それ、何ですか？」

「まあ、論より実践だ。ちょうど今夜、先日新規で営業に行ったクライアントと飲む。俺の行きつけの店で接待するから、お前もついてくるといいだろう」

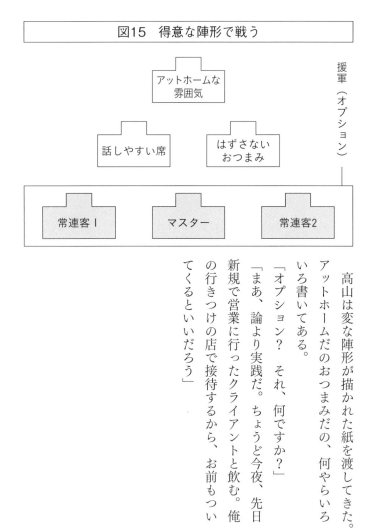

✔ホームでは〝援護射撃〟を受けられる

高山の行きつけの店とは、中野のスナックだった。

タバコのヤニで黄色くなった壁、派手な赤のソファー、頭上で回るミラーボール。完全に〝ザ・地元の人しか通わない場末のスナック〟だ。

L字のカウンター席に奥から高山、クライアントの田代さん、僕の順番に座る。高山の辞書に上座・下座という概念はないようだ。

それにしてもスナックとは……。初めての接待にしては、ややディープすぎるような気がする。

でも、田代さんはご満悦だ。周りの常連客も巻き込み、映画やファミコンなど、80年代のカルチャーの話で盛り上がっている。

「田代さん、ゲームがお好きなんですね」

「そう！『ファミコンウォーズ』とか好きでしたね」

「僕もよくプレイしてましたよ。そうそう、『ファミコンウォーズ』のCMって、『フルメタル・ジャケット』のパロディでしたよね」

「高山さん、よくご存じですね！　いやあ～、ゲームの深い話ができてうれしいです」

……ビジネスの話題は全く出てこない。これでいいんだろうか？

僕の心配をよそに、高山がトイレに立つ。すると、隣で飲んでいた常連客と思しきおじさんが田代さんに話しかけた。

「あなた、高山さんと仕事する気なんだって？　あんなのに発注するなんて、モノ好きな人だよね～」

これは、まずい展開だ！　常連さんからすればほんの軽口のつもりだろうが、クライアントに失礼な上、高山の株も落としている。

僕は急いでフォローを入れようとしたが、すかさずママがカットインしてきた。

「ほんと、正気じゃないわよね。高山君みたいな奇人とビジネスしようだなんて。悪いこと言わないから、やめときなさいって。アハハハ～ッ」

終わった……。こうもあしざまに下げられては、もはや挽回はできまい。行きつけのスナックで接待なんて、やはり良くないのではないか？

▼　▼　▼

田代さんを見送った後、僕は高山の離席中のやりとりを報告した。

すると、高山はニンマリと笑った。

「それでいいんだよ。狙い通りだ」

「えっ？　だって田代さん、『モノ好きな人だね』なんて言われてたんですよ？　絶対イヤな気分になったと思います。高山さんの印象も最悪でしょう……」

「いや、逆だな。むしろ、田代さんは喜んでいたはずだ」

「だからどうして……」

「俺の評価も爆上がりのはずだ」

「……何で？」

「いいか、そもそも俺とつき合うお得意さんなんて、実際に変わっているんだ。普通なら、こんな風体の人物に仕事を依頼しない。何か〝まともじゃない部分〟を期待しているはずだ」

「まあ、それもあるかもしれませんが……」

「だから、率直に周りから『あんたは変だ』と言われた方がお客さんもうれしいんだ。逆に『高山は、ああ見えてマジメな人でね……』とか真面目なトーンになったら、田代さんはガッカリしたはずだ。裏で褒められるなんて、俺も気持ち悪いしな」

「な、なるほど。でも、本当にそうでしょうか……」

「そんなに心配するなよ。ママや常連さんもそれがわかっているから〝俺やお客さんが求める表現〟で俺のことを推してくれたんだろう」

「じゃあ、あれはただの陰口でなく、実は援護射撃だったと……」

「そう。つまり、お店にいる人たちは俺の代わりに〝営業〟してくれたわけだ。モノ好きな田代さんの期待に足る人物であると、第三者の視点でお墨付きを与えてくれたんだよ。俺自身が必死でアピールするより、何倍も効果がある」

「そこまで効果ありますかね？」

「じゃあお前、『自分は絶対浮気しない』って言うやつと『あの人は絶対浮気しないよ』って言われているやつ、どっちの方が信用できる？」

「……他人から評価されている方を信じますね」

「そうだろ？」

「客観的な評価ですからね」

「その通り。そして、いい評価を得られるのは、俺があの店の常連だからだ。何度も通い、ママも常連も俺の人となりをわかってくれているわけだ。お前も、自分のことをよく把握してくれる店を見つけるといいだろう」

✔〝逃げない〟覚悟を相手に見せる

「でも、第三者の信用を得るためだけに、わざわざ行きつけの店まで連れてこなくても……」

「おいおい、行きつけのお店で接待するメリットは他にもあるんだぞ。自らのテリトリーに連れていくことで、**〝相手に胸を開く〟ことができるんだ**」

「どういうことですか？」

「行きつけの店で接待されれば、先方はきっとこう思うはずだ。『こいつは自分の〝縄張り〟を開示しているから、途中でバックレることはないだろう』と」

「縄張り、ですか？」

「居所が割れていると、下手なことはできない。要するに、案件が動き始めてから**どんなトラブルがあってもケツを持つ覚悟を、クライアントに示**

することができるわけだ」

「そういうもんですかね」

「ああ、そういうもんだ」

高山はウーロンハイの残りを飲み干した。

「ちなみに、世の中にはさらに上がいる。昔お客さんと飲んだ後、シメのラーメンに誘われてな。行ってみたら、その人の実家だったんだ」

「実家!?」

「驚くのはまだ早い。さらに、上には上がいるんだ」

「実家より上って……」

「昭和50年代に活躍した伝説の営業マン、酒井さんの手法でな。20年前だが、俺が新人営業マンだった頃、酒井さんは大事なお客さんには、わざわざ手作りのラーメンをごちそうしていたそうだ」

「またラーメンですか……」

「しかも、お客さんと一緒に、だし用の魚を取りに海まで行っていたらしい」

「そんなバカな……」

「今じゃ考えられんがな。昭和のドラマなんかでは、よくそんなシーンがあったんだ」

「いや、ないでしょ……」

「とにかく、実家という極めてパーソナルな空間に招き入れることで最上級の覚悟を示す。さらに『ここまで晒すのはあなたを信頼している証ですよ』というメッセージを伝えることができる」

「そこまでされると、ちょっと怖い気もしますが……」

高山は僕の話を全く聞かず、完全に悦に浸っている。

「俺は、この先輩の手口にいたく関心した。実際にお客さんを実家に連れてくることはできないが、接待の切り札として〝家族役〟の劇団員を雇い、実家を再現して接待したいと思ったほどさ」

12限目 行きつけの飲み屋を作れ

✔とにかく3日連続で通う

「家族接待はともかく、行きつけの店を持つ意義はわかりました」

「よしよし。だいぶ物わかりが良くなってきたようだな」

「ただ正直、僕はあんまり外で飲む習慣がなくて……」

「まあ、そんなことだろうと思ったぞ」

高山はフンと鼻を鳴らした。

「俺なんか、年間360日、1000軒以上を飲み歩くことで行きつけの店を増やしてきたんだぞっ!! 今では中野を中心に、各街々に拠点がある」

「……僕のような常人の肝臓には、とてもそこまでできないですね」

「確かに、誰にでもマネできることじゃない」

「そもそも、どうすればお店の常連さんになれるんですか？」

「本当に世話の焼けるやつだな。まあいい、教えてやろう。短期間で常連になる秘訣はズバリ、**3日連続で通うことだ**」

「1カ月に3回通うとかじゃ、ダメなんですか？」

「ダメだ。連続で行くことが大切なんだ」

「何で、3日なんですか？」

「初めて入っていい店だったから次の日も行くという、客は割といるもんだ。店主も『今日も来てくれたんだ』とまあまあ喜ぶだろう」

「十分じゃないですか」

「いや足りんな。だが、さすがに3日目も現れたら『こいつ何者なんだ？』と店主の印象に深く残る。来店する時間帯とか混雑の状況なんかにもよるがな」

「なるほど」

「まずは通いやすい場所、家か会社の近くで好きな店を探すといいだろう。それから

3日連続で通って顔を覚えてもらえたら、週に1回くらいのペースでも常連として認識されるはずだ」

「覚えてもらうことが第一歩なんですね」

"話しかけられる"のを待つ

「それで、他のお客さんにも覚えてもらって、自分のホームにしていくわけですね」

「まあ焦るな。その前に、**店主と仲良くなることだ**」

「え？　お店の人とですか？」

「そうだ。店主と仲良くなれば、そのうち常連を紹介してくれる。そこから、徐々に友達を作っていけるはずだ」

「店主とはどうやって仲良くなればいいんでしょうか？　僕、お店の人に話しかけるのが苦手なんですよね……。何か、イキったやつだと思われそうで」

「無理に話しかけなくていい。いや、むしろ一見《いちげん》で気安く店主に話しかけない方がいいぞ。通りすがりで飲むだけなら好きに振る舞えばいいが、**常連になりたいな**

ら〝飲み屋のヒエラルキー〟を理解しなければならない」

「飲み屋にヒエラルキーなんか、あるんですか?」

「そうだ。基本的に、一見客はヒエラルキーの最下層だ。そのことを自覚し、店主や常連への礼儀を守ることが大事なのさ」

「最下層ですって? 別に客だから偉いとは言いませんけど、お金を払っているのにそこまでへりくだらないといけないんですか?」

「はっ! その考え方がそもそも間違っている!」

「……はいはい。で、どうなってるんですか? そのヒエラルキーとやらは」

「トップは言うまでもなく、店の主導権を握る店主。その次が、店を長年支えてきた常連客だ」

「それは、何が基準なんですか?」

「そのお店で〝いくら使ってきたか〟〝何度通っているか〟だ。そして、飲み屋ではそれが客の信用になる」

「結構シビアですね」

「お店にとって、しっかりお金を払ってきてくれた常連客の序列が上位になるのは当

図16　飲み屋のヒエラルキー

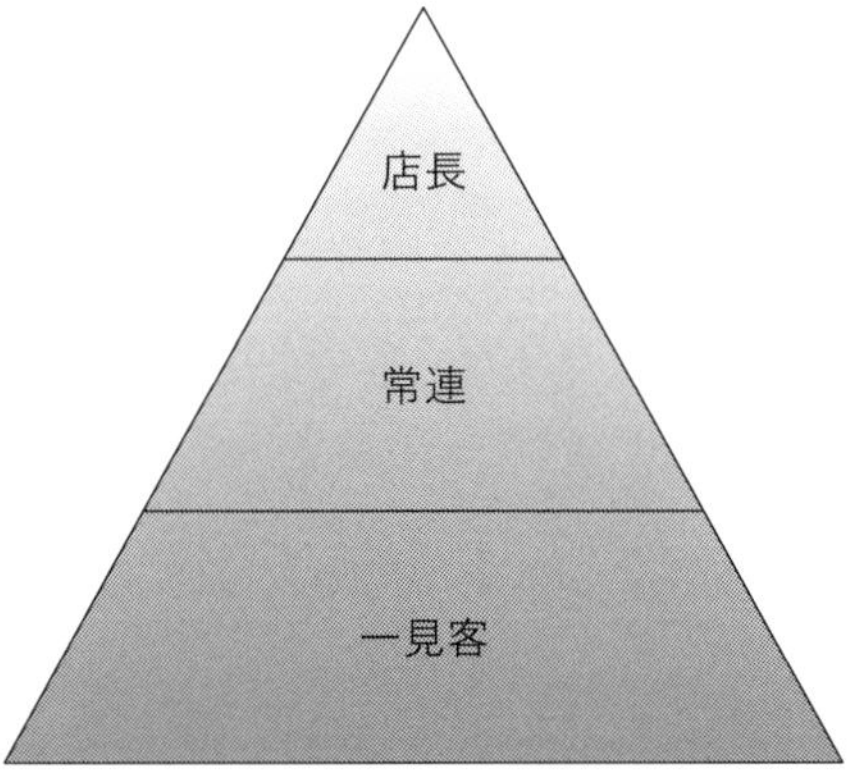

たり前だ。その仕組みを理解せず、適当に振る舞えば、生意気だと思われてしまう。例えば、店主一人で経営している小さな店で、新参者が店主を独占したらどうなる？」

「常連さんが店主と話せなくなっちゃいますね。確かに、あまりいい気持ちはしないかも……。じゃあ、初めて来た客は、どうすればいいんですか？　ずっと黙っているとか？」

「そうだ。**黙っていればいい**」

「そんな……」

「焦って先走るのは、お前の悪いクセだぞ」

「だって、せっかく飲みに行くのに……」

「おいおい、これは遊びじゃないんだぞ。常連になりたいなら、初めは店主が話しかけてくるのを待つんだ。**いい飲み屋にはい**

い店主がいるから、行儀良く飲んでいる一見客を放置したりはしない。『近くにお住まいなんですか？』『ここは二軒目ですか？　どこで飲んでたんですか？』と、話しかけてくれるはずだ」

高山はテーブルの上の紙ナプキンを取ると、何やら図を描き出した。

「カウンターのある飲み屋では、店主がお客を3つくらいのゾーンにわけて、バランスよく会話を回している。少し待っていれば、そのうち店主がうまく会話に入れてくれるんだ。だから、一見客が別のゾーンの会話に勝手に割り込んだりするのは、あまりよろしくない」

「つまり、暗黙のルールがあるというわけですね。何か、飲みに行くハードルが上がったような……」

「まあ、全ての店がそういうわけじゃないだろう。ただ、こういう作法ができると、いい客として店主にも常連客にも初回からいい印象を与えられるはずだ」

「何か先が長いですね……」

「**何でも1回で成果を得ようとするな。**店主は自然な形で常連との輪をつないでくれる。『へえ、笹塚にお住まいなんですね。そう言えば（常連の）ヤマさん

図17　飲み屋の構造

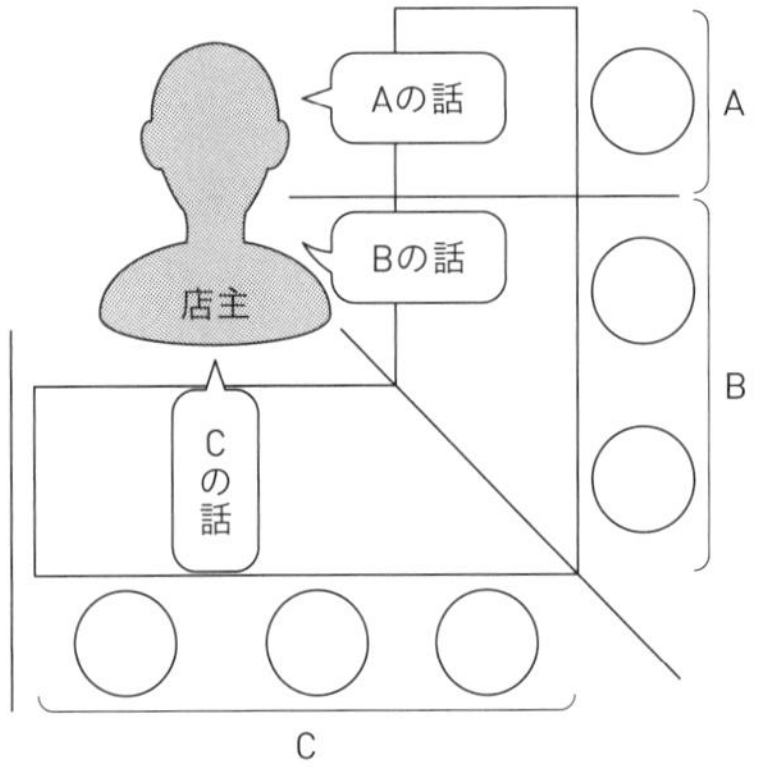

も笹塚ですよね？』といった具合にな」

「社内と同じように、地道なコミュニケーションが、なんですね」

そうか。深い関係を築くには、お金と時間をかける必要があるんだ。

僕はお金を払えば何でもすぐ簡単に手に入る、と錯覚していたのかもしれない。

そんな自分がちょっと恥ずかしくなった。

✔〝置き土産〟でインパクトを残す

飲み屋におけるコミュニケーションの秘訣は他にもあるようだ。

「晴れて常連としての地位を築くことができたら、次は店主やママに〝面白い客〟だと認知らせることに挑戦してみるのもいいだろう。そうすれば、お店の〝名物客〟に昇格できて、さらに深い関係になれる。それこそ、店側から接待を援護してもらえるレベルの客になれるはずだ」

「具体的に何をすればいいんでしょうか？」

「**お手軽なのは〝置き土産〟を残すこと**だ。例えば、会計でカードのサインをするときに、『ママへ』と書くとかな」

「それ、気づいてくれますかね？」

「その場でリアクションをもらえなくてもいいんだ。**地道にネタを仕込み続けていけば、ママは気づいてくれる。**いつかクスっと笑ってもらえたら、しめたもんだ」

「ここも、地道な作業が必要なんですね」

「その通り。小ネタを仕掛けた結果、ママが洒落のわかる人だったら、さらにでかいネタをブッ込めばいい」

「でかいネタですか？」

「俺がよく使うのは、名刺だ。名刺の裏にこう書いて渡すんだ。〝この名刺の所有者は、私の大切な人です〟って」

「それってもしかして……？」

「そう、ヤクザ漫画『白竜』だ」

「主人公の白竜が、恩を受けた相手に名刺を渡すくだりですね。名刺を受け取った相手は暴漢に命を狙われた際、その名刺を出すことで事なきを得る、という」

「よしよし、ちゃんと読んでいるみたいだな」

「でも、白竜はヤクザの幹部だから、効果があるんですよね？　高山さんじゃあ……」

急にサングラスを外し、ギロリと睨みつけてくる高山。……残念ながら、意外と目がパッチリしていてあまり迫力がない。

「だからいいんだ。俺の名刺なんて、**何の力もないからこそギャグになる。**何ならクスっと笑ってもらった後で、破り捨ててくれたっていい。とにかく、**お店に迷惑をかけない形でママにインパクトを残すことが大事**なんだ」

「真の常連客への道は想像以上に険しいんですね……」

「かもしれないな。だが、その分得られるものも大きい。ちなみに、**最終的にツケで飲めるくらいになれば、完全に常連として認められた証だ**」

「ハードル高いですね」

「まあな。でも、ツケってのは、そいつに対する信用そのものだ。行儀よく振る舞い、プライベートをさらし、お金を落とし続けた先に『この人は私たち（お店や常連客）を決して裏切らない』という信用が得られる」

「仕事の頼み方や接待の話にもつながりますね」

「そうだ。仕事に信用はつきものだぞ」

「珍しく、まともなことを言いますね」

「俺はいつもまともだ。まあとりあえず、ツケで飲める店を作ることを目標にしてみたらどうだ？　3年かかるけどな」

「とりあえずのハードルが高すぎですよ。まず3日通いたいお店を探します」


それから数週間、僕はいろいろな飲み屋を渡り歩いた。

さすがにツケは難しいが、店主や常連客と気楽に会話できるお店もできた。

外で飲むと、いろいろな発見がある。

近隣の情報だけじゃない。数奇な人生、仕事の成功談や失敗談などなど。お店のスタッフさんやお客さんの話を聞くと、自分一人では見聞きできない、さまざまなことを体験できる。

ルノアールのように、周りの人の話し方も参考になる。上手な誘い方や断り方、話の盛り上げ方、どんな話題がウケないのかなど、営業のときに役に立ちそうだ。

そんなふうに飲める場所が増えるにつれ、営業マンとしての戦力が上がっていく気がする。

それに、僕のような経験が浅い若手でも、常連面できるいい感じのスナックがあると言うだけで一目置かれるのだ。

高度な営業テクニックを身につけるには、長い時間が必要だ。

でも、行きつけの飲み屋は割とすぐにできる。飲み屋通いは、営業力をアップさせる手っ取り早い手段と言えそうだ。

ビジネス書を読み込むよりも、ずっと近道かもしれない。

13限目

飲み屋で相手の懐に入り込め

✓仕事を得るには裏口から攻める

スナックでの接待に同席してから、僕は高山の飲みにつき合わされている。

高山はまともに外回りに精を出す男ではない。基本的に得意先と飲んでばかりだ。

しかも、ビジネスの話などほぼしない。大半は世間話で終わる。

それでもまだましな方で、その辺の飲み屋にフラッと入り、周りのお客さんと楽しく飲むだけのこともある。

そのうえ、高山はいつも突然「今から飲みいくぞ」と言う。

この日もルノアールで漫画をインプットしていると、スマホの通知が鳴った。

「今日は六本木で飲むぞ。17時に駅前で集合だ」

またか。僕の肝臓はいつまでもつだろう……。

▼　▼　▼

その夜、高山に連れられ、僕はとあるバーに入った。

店内はスーツをビシッと着たビジネスマンで溢れている。周りの会話に耳を傾けると、どうやらIT系関連の仕事をしている人たちが多いようだ。

「高山さん、ここは何ですか？　この人たちは一体……」

「ここはIT系のビジネスマンが集まる店なんだ」

「何でまた？」

「そっち方面の仕事を探していてな」

「なら、直接オフィスに行けばいいじゃないですか」

フッと笑って、高山は空いている席に腰をおろした。

「**仕事っていうのは、正面から行かない方がうまくいくときもある**んだ」

「どういうことですか？」

「プライベートで1回会った後にオフィスで仕事の話をした方が、受注率が高いんだ。その人の本質、つまり好みをわかった上で提案できるからな」

「その相手の本質とか好みって、どうやって引き出すんですか？」

僕が尋ねた途端、向こうから「高山さーん」と呼ぶ人が現れた。

「この間ここで少し話した鹿野《かの》さんだ。ちょうどいい。見てろよ」

✔飲み屋で相手の〝好き〟を聞き出す

近づいてきた人物は、40代前半くらいの男性だった。爽やかな笑顔が、大勢の中でも目立っている。

「高山さん、久しぶりですね」

「おお。その威風堂々とした佇まい！　どこぞの名のある武将の末裔かと思えば、鹿野さんじゃないですか」

「またまた。お上手ですね」

「何を言うんです？　僕は100％本気ですよ。ところで、鹿野さんは映画をよく見るって話でしたけど、最近、面白い映画とかありました？」

「実は……最近アウトドアに興味があって」

「ええっ！　インドア派って言っていましたよね？」

「アラスカの僻地で狩りとかして暮らしている人たちのドキュメンタリーを見て……」

「何で急に？」

「何でかなあ。ただ、何にもないところで、全部自分たちだけでやっているのがすごいなって感動して。家の中にいる自分とギャップを感じますよ」

「じゃあ、いつかやればいいじゃないですか！　一人キャンプとかしないんですか？」

「いやあ、ないですね。自炊くらいですよ」

「十分ですよ。次は山とか登ってみたらいいんじゃないですか？　高尾山とか結構いいって言うし、うまい蕎麦屋もあるらしいですよ」

「へえ。ちょっと気になりますね」

「登山の帰りにラーメンを食べる人もいるらしいですよ。高尾山の帰りだったら、めじろ台に最高のラーメン屋があります。今度一緒に行きましょうよ。あ、もちろん僕はラーメンだけですけど」

「いやいや、山も一緒に登りましょうよ」

「それにしても、ドキュメンタリーまで見ているなんて。鹿野さん本当に視野が広いですよね。アラスカとか、着眼点がすごいですよ。さすがです」

「そんな！　高山さんに比べたら、僕なんか全然ですよ！」

「いやいや。アラスカとは、参りました」と、高山は冗談めかしておじぎした。

「ところで、鹿野さん。ドキュメンタリーと言えば、私も最近『アメリカンバーベキュー最強決戦！』という番組にはまっていまして。アメリカを代表する職人が出てきて腕を競い合うんですがね。何が面白いかって……」

高山はバーベキューを焼くマネをした。

「『俺の血液型はバーベキューソースだ』みたいなことを真顔で言い出す、おかしなやつが出てくるんですよ」

「それはヤバいですね！　もっと詳しく教えてくださいよ。ちなみに、アラスカのドキュメンタリーの中には、雪原でたった一人で住んでいる女性の話も出てきて……」

趣味の話をする二人は、すごく楽しそうだ。こちらもつい聞き入ってしまう。

その後も、映画の話なんかで盛り上がった後、鹿野さんは去っていった。

相手の趣味の話から、自分の趣味の領域につなげてくるとは。これがプロ営業師の話術なのか。

高山は僕の方に向き直る。

「しゃべったら、のどが渇いたな。とりあえず、何か頼もう」

▼ ▼ ▼

ビールのグラスで乾杯すると、高山の営業講座が始まった。

「**営業の極意は、相手の趣味が何かを把握すること。**もっと言うと、相手が好きなものを見極める力と、その話題に対応できる知識が必要だ」

「相手の趣味を知ることには、どんな意味があるんですか?」

「趣味は相手の好みの表れだ。つまり、**仕事で相手の好みに合わせた提案ができる**ってことさ。特に、俺たちみたいなクリエイティブ業界には欠かせないな」

「なるほど」

「それから、営業マンはどんな世代の人とも会話できなきゃいけない。**会話の糸**

口として、趣味の話題は万能だ。なぜなら、人生で誰しも何らかの遊びには手をつけている。漫画なりゲームなり映画なりスポーツなりアートなりな」

確かに。大人になるとなかなか時間が取れないけど、子どものときは放課後に友達とゲームをしたり、クラブ活動なんかに参加したりしていたもんな。

「ただし、**新旧どちらのトレンドもそれなりに抑えておく必要がある**。昔の流行りを知っていれば、年上の人からは『若いのに感心だな』と言われるし、最新のものを押さえておけば、若い世代の人にも『おじさんなのに感心だな』って思われるからな。幅広い趣味の知識があれば、一目置かれる存在になるわけだ」

「だから、サボって教養をつけろと」

「その通りだ。**遊びを極めると、結果につながる**」

「でも、幅広い分野について知るには、時間がかかりますよ」

「そうだな。でも、自分が知らないジャンルは逆に教えてもらって、次会うときまでに勉強しておけばいい。さっき鹿野さんが話していたドキュメンタリーを見ておいて今度話題にするとかな」

「そうか……」

「あと、各分野に詳しい知り合いを作っておくと、勝手に情報が入ってくる。俺は飲み歩いてそういう人脈を作ってきた」

「無駄に飲んでいたわけじゃなかったんですね」

「当たり前だ！　教養さえあれば、趣味という共通言語で、年代だけでなく業種を超えて、仲良くなれるんだからな」

✔趣味を知ると、褒めも冴える

僕たちはビールのお代わりを頼んだ。高山の講義は続く。

「それから、もう一つ大切なことがある」

「何ですか？」

「人は自分の趣味を褒められると、すごく喜ぶんだ」

「確かにさっき、鹿野さん〝着眼点がいい〟って言われてうれしそうでしたね。この前、中西に電話したときも髪型のセンスが何とかって、褒めていましたね。あのときは電話きられたけど……」

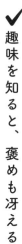

「そうだ。会話の中で相手の趣味を見出し、そのエピソードにまつわるセンスを褒める。それは**一種のやさしさでもあるんだ**」

「相手の内面にフォーカスすることがやさしさだと」

「もちろんだ。ただ『かわいいね』『かっこいいね』って言われるより、『その服の組み合わせ、ウェス・アンダーソンの映画から出て来たみたい！』『ビル・エヴァンスがお好きなんですね。道理でニュージャージーの風を感じると思いましたよ』とか言われた方がよくないか？」

「そんなの、全然わかりませんよ」

「ふん。まだまだ勉強が足りんな。とにかく、**相手のことを知っていると〝趣味褒め〟ができるんだ**。軽いお世辞でなく、深い褒めができるのさ。これは相手の趣味や好みを知っている場合や、飲み会や食事の席などじっくり話ができるときに使える。場が盛り上がるぞ」

「じゃあ、知らない場合は？」

「初対面の人や会う機会が少ない人に対しては、とりあえず、雰囲気とか声とか表面的なものを褒めるしかない。そこで、ひとひねり必要だ。例えば**『上品』って言**

いたいなら、その最上級のものを持ってくる」

「上品の最上級……それって、何ですか？」

「パリだな」

「え？」

「ホテルオークラでもいい」

「と、とにかく、一番上品だと思うものを挙げるってことですね。で、つまり……どう伝えるんですか？」

「まったく、少しは自分で考えんか。『あなたといると、ホテルオークラにいるみたいですね』とか、いろいろあるだろ」

「……すごく嘘くさいんですけど」

「だからいいんだ。スケールのデカすぎるウソは、誰も傷つけないからな。こういうのは、挨拶替わりに言うと場が和むぞ」

高山は勢いよくビールを飲み干すと、勝手に僕のノートを取り出し、メモを書いた。

・知らない人・浅い会話には〝最上級の褒め〟
・知っている人・深い会話には〝趣味褒め〟

褒めと教養のしょうもない図まで書き足し、さらに続ける。

「それに、相手の教養と自分の教養をうまく掛け合わせて褒めれば『この人は物事をいろんな角度で深く見ることができる』と相手に思わせることができる」

うまくいけばいいけど、下手するとスベっておしまいじゃないか。

反論したいけど、高山は酔っているのか、上機嫌で話していてツッ込めない。

「褒めはコミュニケーションの一つだ。つまらないお世辞を最高のエンタメに変えてこそ……」

「はいはい。プロの営業、なんですよね」

「なんだ、わかっているじゃないか」

バシッと思い切り背中を叩かれ、僕は椅子から転げ落ちそうになった。高山はガハガハ笑う。

図18　褒めと教養の関係

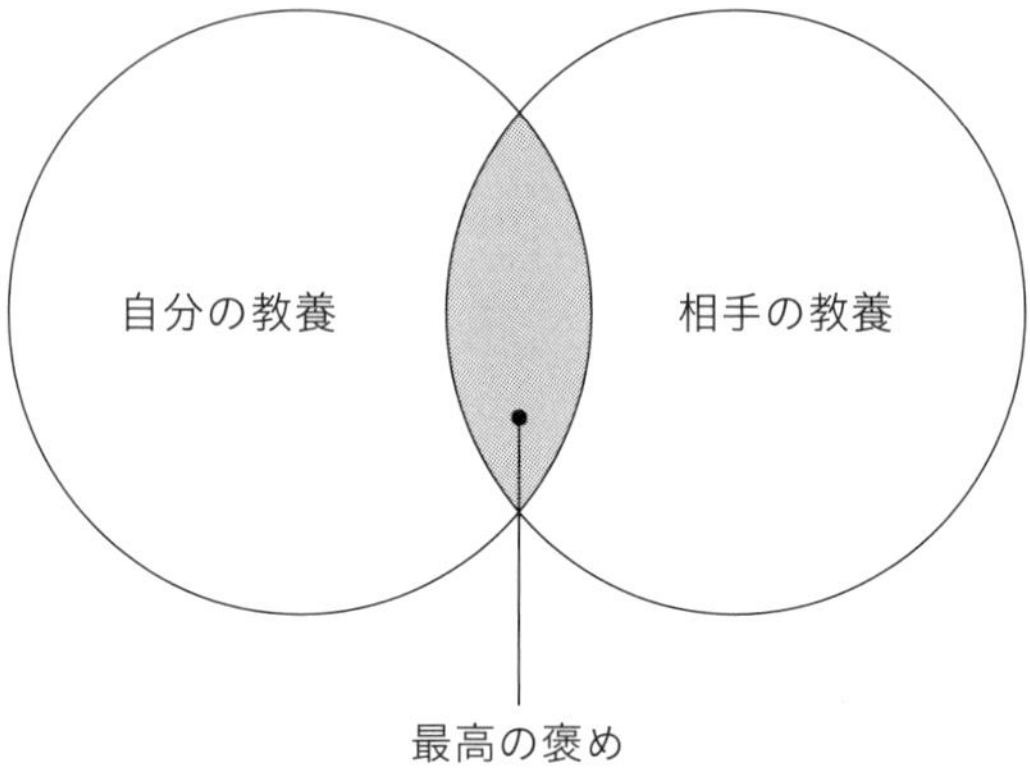

「何であれ、大切なのは相手を心から笑顔にすることだ」

何かいいことを言うじゃないか。まあ正直、僕は高山のように歯が浮くようなセリフは言えない。

でも、自分なりの表現で人を喜ばそうというのは、何だかいいなと思った。

下心は小出しにしない

僕は3杯目のビールをお代わりしつつ、一つ気になっていたことを尋ねた。

「高山さんは飲みの席で、仕事の話をほとんどしないですよね」

「ああ。飲みで好みを聞き出し、オフィスでその情報を活用して営業するのさ」

「飲みはオフィス営業の前のアイスブレイクであると……」

「ああ。それに、下心はうまく隠してこそ、プロの営業マンだ」

「でも、仕事が欲しいから接待したり、こうしていろんな人が集まるところに来たりしているわけですよね」

「もちろん、下心は持っていて当たり前だ。ただ、その出し方も工夫するべきだ。つまり、**下心は思いっきり出すか、全く出さないか、どちらかにするんだ**」

「というと？」

「思いっきり出すなら、初めに『いやあ、是非ともお会いしたかった！　今なら5％オフで御社のＰＲをお受けします。ちょうど暇なんで、御社に集中できるんです！むしろ、御社しかやりません！』とか冗談をかます」

「また、とんでもない大嘘ですね……。出さないなら？」

「ひたすら、仕事と関係ない話をする。あとは小さい恩を売ることだな。そうして、**向こうが興味を持ってくれるまで待つ**んだ」

「小さい恩ですか？」

「昔ここにある大企業の社長が来ていてな。周りが積極的に売り込みをする中で、俺は喫煙所でその人に会うたび、ただタバコを渡していたんだ。来る日も来る日も……。たとえ向こうが持っているとわかっていても、とりあえず『どうですか、タバコ？』と手渡したもんさ」

「それ、ただいつもタバコをくれる変なおじさんじゃないですか。そこまでして、下心を隠す必要あります？」

高山はフンと鼻を鳴らしてから、意味ありげに笑った。

「そうやって、タバコを渡し続けて一年後。ある日、その人から大きな仕事をもらったんだ」

「す、すごい執念ですね」

「まあな」

「ちょっと回りくどすぎる気もしますけど……。人とは違うアプローチが必要なときもあるってことなんですね」

「そういうことだ。おっ。また誰か来るぞ」

入り口の方から、大柄な男性が手を振りながら、人々をかき分けてやってくる。

この人もここで知り会った人だろうか？

残りのビールをちびちび飲みながら、男性を観察する。

「高山さん！ 来ていたんですね！ 俺のこと覚えています？」

「覚えているも何もあの日会ったときから、ずーっと会いたかったですよ!! 今日お会いできるなんて、僕は三国一の果報者です」

また、おおげさな……。

「いやいや、絶対嘘でしょ！」

「何言っているんですか！ 嘘じゃないですよ！ ほんとに会いたかったです」

「うれしいです！ 僕も会いたかったですよ」

男性が安心したような笑顔を見せると、急に高山はとぼけた顔をした。

「で、お名前何でしたっけ？」

僕は口に含んでいたビールを吹き出しそうになった。

14限目

オフィス営業で突き抜けろ

✔お客さんの心は10秒でつかむ

六本木のバーで飲んだ翌日。高山からLINEが来た。

「明日15時、ある企業へ新規の営業に行くぞ。地図を送る。現地集合だ」

なんと！　先方のオフィスでちゃんと商談するのは初めてだ。

オフィシャルな場で、初見の相手に、高山はどのように切り込むのだろうか？　とても気になる。いよいよ、高山流営業術の真骨頂を学べるかもしれない。

当日、オフィスビルへ行くと、受付フロアの喫煙所に高山がいた。

相変わらずの全身企業ロゴファッション。新規のお客さんだからと言って、スーツで正装しようなんて気はさらさらないらしい。

それよりも……。気になったのは、高山の隣にいる男性だ。

年齢は50歳前後だろうか。白髪混じりの七三分けに、くたびれたスーツ。枯れ木のように細い体は、大柄な高山の横ではひどく頼りなく見える。

「あの、高山さん、こちらの方は？」

「今日の商談に同席してもらう、先輩のシバさんだ」

シバさんはちらっと僕を見て、気だるそうに「どうもシバです」とだけ言い、背中を丸めて煙草を吸い続けた。

「俺が尊敬するスーパー営業マンだ。シバさんはな、初めて会ったお客さんの心を10秒でつかむ技を持っている。せっかくだから、勉強させてもらうといい」

いやいや、とても〝スーパー営業マン〟には見えない。この愛想の悪いおじさんが、初対面の相手にいい印象を与えることなんてできるんだろうか。

僕はシバさんをもう一度見たけど、やっぱりそんなすごい人には見えなかった。

✔初対面で媚びまくる

受付を済ませると、立派な応接室へ通された。

正面の大きな窓から新宿方面の高層ビル群を望む、見晴らしのいい部屋だ。真ん中には、大きな三人掛けのソファーが置いてある。

右手の掛け時計の横には、見事な装飾の額に入った「忘己利他《もうこりた》」の文字が飾られていた。企業理念だろう。己を忘れ他者に尽くす、という意味だろうか。

僕は部屋を眺めながら、ソファーの横に立った。このまま、お客さんが来るまで待っていよう。

そんな僕の脇を通りすぎて、シバさんと高山は部屋の奥へツカツカ歩いていく。二人は正面の窓までたどり着くと、ポケットから布巾を取り出した。

そして、おもむろに窓ガラスを拭きはじめたのだ。

「ちょっ……。二人とも、何やってんですか？」

高山は僕にも布巾を手渡してくる。

「いいから、お前も拭け」

シバさんは背筋をピンと伸ばし、プロの清掃員のようにキビキビと作業している。

そこへ、先方の担当者が入室してきた。窓拭きをする珍妙な訪問者たちに、笑みを浮かべながらも困った様子だ。

「えっと、な、なぜ……?」

すかさず、シバさんが口を開く。さっきまでとは別人のように爽やかだ。

「いやあ、見晴らしがよくて最高のオフィスですね！　あまりの素晴らしさに感動してしまって。何か恩返しせねば、と窓を拭いていました」

なんと見えすいたおべっかなのだろう！　こんなにわかりやすく媚びを売る人は初めて見た。高山も負けじとかぶせる。

「本当に、ここで仕事ができるなんて羨ましい！　何なら、ここに住みたいくらいです。ほらここにベッドを置いて、テレビはあっち……。いやはや住めますね、これは」

高山はわざとらしく部屋の中を見回した。

「そうそう。ところで、月いくらで貸してもらえますか?」

……何だか、もはや清々しい。先方もプッと吹き出し、笑顔を見せた。

「ありがとうございます。面白い方々ですね」

良かった。怒っていないようだ。

その後、商談は和やかに進み、次回のアポも決まった。

初めはどうなることかと思ったけど、いいおつき合いが始まりそうだった。

✔アイスブレイクを極めよう

オフィスを出ると、シバさんと高山が一服したいと言い出したので、僕らは近くの喫煙所に向かった。


プレゼンや会話で〝アイスブレイク〟と呼ばれるテクニックがある。初めに相手の緊張をときほぐし、その後のコミュニケーションを滑らかにするための小技だ。

高山によれば、実は、シバさんは広告営業界隈で〝アイスブレイクの達人〟として、知る人ぞ知る存在なのだという。

「シバさんには〝**落合理論**〟という究極のアイスブレイクがあるんだ」

「落合?」

僕が尋ねると、シバさんはスマホで古いスポーツ新聞の画像を見せてきた。〝落合、世紀のトレード〟の見出しが打たれている。

「1986年のプロ野球界の出来事です。そのシーズン、3度目の三冠王に輝きバリバリ活躍していた落合博満《おちあいひろみつ》を獲得するために、中日ドラゴンズは、牛島、上川、桑田、平沼、合計4人もの選手を差し出したんです」

「それがアイスブレイクと、何の関係があるんですか？」

するとシバさんは名刺入れから、全く同じ名刺を4枚出してきた。

「こうやって、名刺交換のときに名刺を4枚出して言うんです。あなたの名刺1枚は落合と同じく、私の名刺の4枚分の価値がある。つまり、あなたは〝ビジネス界の三冠王〟なんですよ、と」

「……それ通じます？」

「知らなかったとしても、ちゃんと説明したら結構笑ってくれますよ。たかが名刺4枚で、相手の気持ちを一瞬で掴むことができるんです。うまくいけば、相手は気を良くして、もっと話を聞いてくれるかもしれない。このネタにすぐ気づく人なら、野球が好きなんだってわかるので、飲みに行ったとき話題にもできます」

シバさんがフーッと煙を吐いた。

かなりぶっ飛んだアイスブレイクだ。僕だったら、初対面の人にやる勇気はない。

高山も盛大に煙を吐き出す。

「俺も以前、アイスブレイクを極めるために、キワどい実験をしたことがある」

「実験ですか？」

「〝おふざけ〟がどこまでなら笑って許されるのか、試したのさ。例えば、さっきのオフィスに立派な額に入った〝社訓〟があっただろ。あれを書き写して待っているとかな。相手が入って来たら『あまりにも立派な社訓なので、写経しておりました』って言うんだ。相手が偉い人だとバカにしているって怒られたこともあるけど、まだ会社に深い思い入れを持っていない若い人はもれなく爆笑してくれる」

「若い人でも怒る人はいると思いますけど……」

「それから、アイスブレイクなだけに、手土産にアイスを持って行ったこともある」

「ただのダジャレ……」

「結構面白いもんだぞ。人によっていろんな反応をするからな。すぐ食べ出す人もいたし。人柄が出るんだ」

「なんでそんなこと思いつくんですかね……」

「教養のおかげさ。これも、相手が笑うか笑わないかで、冗談に対する懐の深さを測ったわけだ。まあ、それは普通に超迷惑そうな顔されたけどな」

「僕、その場にいなくて、本当によかったです」

✔媚びるならとことん媚びる

シバさんと高山のアイスブレイク講座は続く。

高山が思い出したようにつぶやいた。

「社会人のマナーの一つに〝会議室でお客さんが来るまで立って待つ〟みたいなやつがあるだろう。あれ、謎だよな。媚びているのが丸わかりな上に、誰の何の得にもならない」

「確かに。お客さんが部屋に入ってきたとき、お互いなんか気まずいですよね」

「だがな、媚びも突き抜ければ、ネタとして笑えるものになる」

シバさんも同意する。

「真面目に媚びても、相手との距離は縮まりません。『きれいなビルですね』なんていう決まり文句はすでに誰かが言っていますから。そこで、イチかバチか、相手が思わず笑ってしまうくらい過剰な表現をするんです。確実に相手の印象に残るように」

「なるほど。やるなら徹底的にやれってことなんですね」

「うまくいけば、親密な関係性を築けるでしょう。たとえダメでも、冗談が通じる相手かどうか見極めることができます。つまり、媚びはフィルターにもなるんです」

「フィルター……ですか？」

「要するに、自分の渾身のユーモアを笑ってくれない人とは、おつき合いしなくていいんです」

「はっきり言いますね」

「だって、今お話ししたようなユーモアがわからない人は、おくりバントみたいに変な広告を作る会社とは、どの道合わないでしょう。それが最初にわかっただけでもラッキーです」

図19　いい媚びの効用

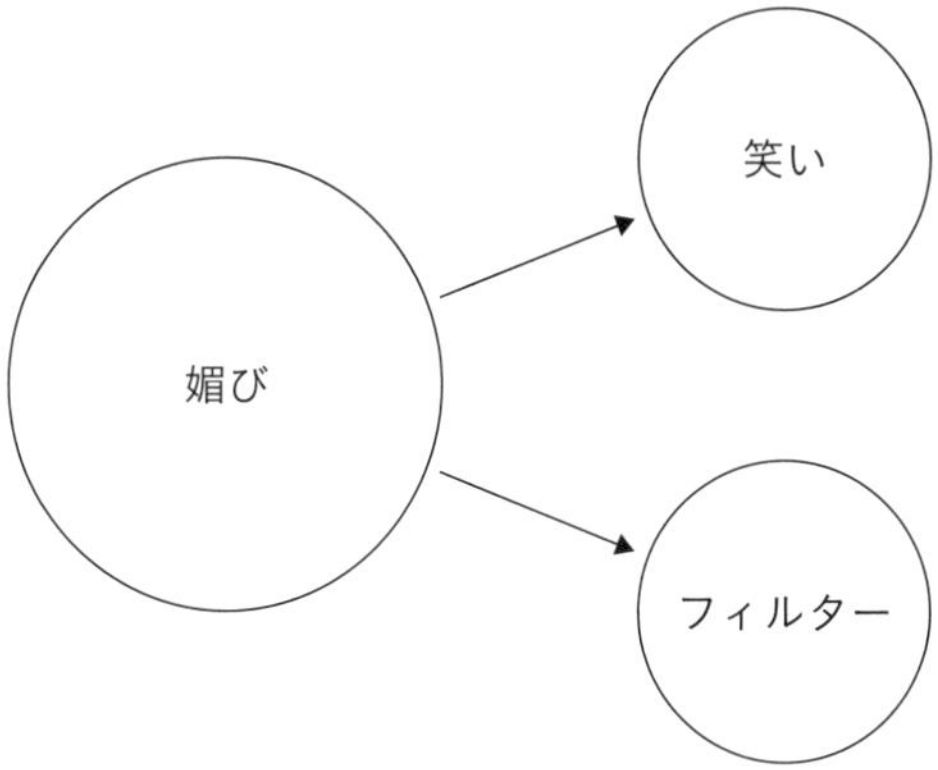

シバさんは2本目のタバコをくわえ、スナックの店名が印刷されたマッチをこすりながら言葉をつなぐ。

「ユーモアの感覚が合わない人と仕事をしても、お互いが不幸になるだけですから」

高山もうんうんと、うなずく。

「世の中にはいろんな人がいる」。僕は高山の話を思い出した。

あれは、単に人にやさしくしようというだけではなく、世の中にはいろんな人がいるからつき合う人は選ぼうということでもあるんだ。

一緒に仕事をする人は自分で決める。合わない人とは離れていい。なんて潔いいんだ。

僕は媚びに関する学びを簡単な図にまと

めた。

さすがに高山やシバさんのやり方をそのままマネすることはできないけど、相手を笑顔にできるような、僕なりのアイスブレイクを考えてみよう。

しょぼくれたおじさんとしか思えなかったシバさんが、かっこよく見えた。

15限目
ピンチはPOPに切り抜けろ

✓困ったときも、自分の理論で華麗に乗り切る

高山のところに来てから、ちょうど100日目。

この日の朝、最高のニュースが届いた。

僕はシバさんに会ってから何度か高山の営業に同行し、その後は一人で営業を任されるようになった。

そしてついに、僕が中心となって動いていたコンペに勝利し、大きな案件を受注したのだ。クライアントは日本で指折りの電機メーカー。僕の広告営業マン人生において、最大級のドでかいヤマだ。

僕はプロジェクトリーダーに就任し、案件の舵取りを任されることになった。

▼　▼　▼

そんなある日、クライアントからメールが届いた。

何気なく、目を通した僕は固まった。

メールの内容は、値引きの要求。当初、クライアントは2000万円の予算を提示していた。それが今になって、一方的に500万円も少ない金額を出してきたのだ。

担当者は「現状の金額では社内の稟議が通らないかもしれない」と言う。

でも、こちらが要求を飲めば大幅な赤字になる。

ここで引くわけにはいかない。何とか、角を立てずに納められないだろうか。

僕は高山に助けを求めようと、スマホに手を伸ばす。でも、スマホのホームボタンを押そうとして、手が止まった。

いつまでも高山を頼っていてどうする。僕が頼りないままだと、高山が安心してサボったり飲みに行ったりできないじゃないか！

今回は、一人でこのピンチを乗り越えよう。……とは言え、どうしたものか。

こんなとき、高山ならどうするだろう。

僕は無意識に、脳内で高山を召喚した。

「高山さん、クライアントが無茶を言っています。どうすれば相手の気分を損ねることなく断れるでしょうか？」

「ふん、そんなの簡単だ。西久保さんにお金を借りたときに言っただろ。それから、シバさんの話を思い出せ……」

そして、ある突飛なアイデアが降りてきた。

かなりの奇策だ。こんなこと、大手の会社相手にやっていいものだろうか。下手に怒らせて失注なんてことになったら……。

でも、僕が編み出した都電チケット理論は、なかなかいい結果だったじゃないか。

どのみち、このままでは会社は大損害を受ける。どうせなら、豪快にぶつかって散る方がいいに決まっている。

✔苦しい折衝でもユーモアを忘れない

後日、僕は一人でクライアントのオフィスを訪問した。

応接室で担当の土屋さんを待つ間、僕はすばやく準備を整える。

すると、ちょうどいいタイミングで、会議室のドアが開いた。土屋さんは僕の姿を見るなり叫んだ。

「ど、どうしたんですか!?」

僕は入院患者のような上着をはおり、点滴バッグを首から下げていた。

「すみません、こんな格好で……。方々から値引きの交渉があって……」

僕は声を振り絞るように囁いた。

「その……生活が苦しくなって、栄養失調に……。だから、言いにくいんですが……。あの金額じゃ食べていけないいんです……。あっ……」

わざとらしくよろける。

もちろん、僕は栄養失調なんかじゃない。点滴バッグも入院着も、ニセモノだ。ボロボロの姿で、値引きによるダメージをアピールする。これが昨日〝脳内高山〟より授けられた〝仮病理論〟なのだ。

切実さをユーモアで包んだ、渾身のアイスブレイク。

まあ、先週まで元気だった営業マンが、満身創痍《まんしんそうい》で現れるなんてそうそうない。

すぐに冗談だと気づくだろうから、大げさにやっているわけ……。

「……大丈夫ですか!?」

まずい。本気で心配されている。これだと、逆に本題に入りにくいぞ。

「いえ、あ、だ、大丈夫……です……」

僕は急に恥ずかしくなり、そっと入院着を脱いだ。姿勢を正して咳払いする。

「……すみません。栄養失調は言いすぎました。でも、メールでご提示いただいた金額だと、非常に厳しいことは事実なんです」

「なんだ、冗談ですか。よかった……」

土屋さんは安心してくれたが、簡単には引き下がってくれない。

「ただ、金額の件は本当に申し訳ないんですが……。何とか勉強してもらえませんかね」

やっぱりダメか……。まあ、想定内と言えばそうだ。「面白いジョークだから値下げを取り下げましょう」とはならないだろう。

ここからが勝負だ。

✔値引きの要求にも〝大胆に〟答える

僕は改めて土屋さんに向き直る。

「土屋さん、コンペのとき、うちが作ったサンプル動画のクオリティを絶賛してくれましたよね」

「はい、そうでしたね」

「本番でもあのクオリティを担保した方がいいですよね？」

「それはもちろん。お願いしたいです」

「当然、うちもそのつもりです。ただ、正直あのクオリティになると、普通は２５００万円くらいかかります。当初の予算は２０００万円でしたよね。つまり、コンペの時点で、うちはすでに実質５００万円の値引きをしているんです」

僕はあえて恩着せがましい言い方をした。高山は下心を小出しにするなと言っていた。〝恩〟も同じはず。ここぞというときに、押し売りするべきだ。

土屋さんは黙り込んでいる。下手したら笑えないような冗談をかまし、ベラベラしゃべる若造に気を悪くしているのかもしれない。

ええい！　ここまで来たら、もうとにかく押すしかないぞ。

「コンペのときにお気づきだと思いますが……我々、おくりバントの作るものはちょっと変わっています。代表の高山の発信なんかは、ナナメ上すぎて伝わらないこともあります。……だから、いつもクライアントに評価されるとは限りません」

「まあ……僕は好きですけどね」

「そう！　だから、うちのクリエイティブに価値を見出してくれた土屋さんに『このクオリティだから、2500万ください』なんて言いません！　初めから予算以上のものを出すのはもちろん、ここでさらに20万勉強します。もう、1980万円でいいです。イチキュッパです！　つまり、実質520万円のお値引きをします」

すでに値引きしてあるなんて、土屋さんも詭弁だってわかっているだろう。

でも、高山ならこれくらい言うはずだ。むしろ、この程度の冗談とうちのクリエイティブに対するリスペクトがなければ、今後一緒にやっていけない。

もちろん、仕事はほしい。でも、そのために大切な〝僕らのクリエイティブ〟の価値を下げるわけにはいかないんだ。

それに、せっかく築いた関係に、お金でしこりを作りたくない。

今、僕は高山がなぜ呆れるくらい豪快に振る舞うことができるのか、理解できた。働く上で、生きる上で、自分にとって本当に大切なものを守るためだったんだ。

もはや、ためらいは一切なくなっていた。

「土屋さん」

僕は土屋さんとしっかり目を合わせた。

「僕は、これからもあなたと楽しくお仕事したいと思っているんです」

土屋さんもこちらをジッと見ている。

「……わかりました。もう一度、上司に諮《はか》ってみます」

僕はオフィスを後にした。

これでダメなら、もう打つ手はないだろう。こんな大きな案件を逃したら、キャリアへの道を失うかもしれない。

ただ、今の僕にできるだけのことはした。少し前の僕だったら、あんな大胆な交渉はできなかったと思う。相手の要求をうのみにして、上司を困らせただろう。

それだけでも、大きな進歩じゃないか。この案件に関わった意味はある。

僕は視線を上げた。ビルの隙間から、澄み切った青空が広がっていた。

あとは天に任せて、今日は一杯飲みに行こうじゃないか。

▼ ▼ ▼

それから3日後。

個室ビデオで新作のインプットに励んでいると、土屋さんからメールが届いた。

「真部様、お世話になっております。返信が遅くなり恐れ入ります」

ああ……。続きを読むのが怖い。僕はおそるそる画面をスクロールした。

「予算につきまして、上司とも協議しました結果、当初の2000万円でお願いしたく存じます」

「よっしゃああ！」

宝島24の防音ルームに、叫び声が響いた。と、同時にため息が漏れる。

よかった。うまくいったんだ。

メールの続きに目を戻す。

「引き続き、何卒よろしくお願いいたします。【PS】真部さんの入院コント、上司に話したらバカウケでした。また面白いネタ期待してます（笑）」

胸が熱くなった。受注と予算を死守できたことだけではない。ほぼ捨て身の覚悟で行ったコミュニケーションが報われたことに感動してしまった。

この出来事を高山に共有したい。

僕はスマホを取り出した。

✔〝その場のウケ〟よりも〝人に話したくなる〟を狙う

高山は今日、どこでサボっているのだろう。

僕はツイッターをチェックする。

どうやら小滝橋のラーメン屋にいるらしい。きっと、この後は近くのルノアールで一服するはずだ。よし、先回りしよう。

僕は宝島24を飛び出した。

▼▲　▼▲　▼▲

僕がルノアールに着いてから10分後、高山は店内に入ってきた。

「高山さん、こっちです！」

僕に気づいた高山が、のっしのっしと近づいてくる。

「おう！　上機嫌じゃないか。うまいもんでも食ったのか？」

僕は今回の一連の出来事を報告する。

「お前……すごいな。あんな大手相手に、そこまでやるか」

あの高山が呆れている。僕は何だか誇らしい気持ちになった。

すると、急に高山はニヤニヤし出した。

「だが、お前のオリジナルアイスブレイク……渾身のボケは、盛大にスベったようだな」

「はい。本気で心配されちゃって。どうしようかと……」

「ただ、**思わず人に話したくなるネタ**だ。実際、土屋さんは上司に報告し、上司は素直に面白がってくれた。結果として、お前に対する好感度は上がっただろう。値引き撤回の判断にも影響を与えたはずだ」

「あれから新ネタを期待されていて。ちょっとハードルが……」

「なんだ、ギャグのセンスを上げるチャンスじゃないか！」

「まあ、ギャグより営業センスを上げたいんですけどね……」

「何を言う。ギャグのセンスこそ、営業センスだぞ」

ガハガハ笑っていた高山だが、急にサングラスの奥の目が優しくなった。

「それに、何より『これからも関係を大切にしたい』というお前の訴えが、土屋さんの心を動かしたんだろう」

「とにかく必死だったんです」

「お前は、インパクトのあるアイスブレイクで土屋さんを操り、決定権を持つ上司の心を間接的に揺さぶったってわけだ」

高山は右手を伸ばしてきた。

「お見事だ！」

ガッチリと僕の右手をにぎる。

「正直、お前がここまで成長するとは思わなかったよ」

僕自身も、高山にこんなに褒められるようになるとは思っていなかった。

「ありがとうございます」

「鶴田さんのところへ返すのが、惜しいくらいだ」

「……えっ？」

「お前は来月、鶴田さんのところへ戻るんだよ」

「そんな……。僕はもう用済みってことですか？」

「そうじゃない。初めから、お前を預かるのは4カ月の約束だったんだ」

✔営業し続けるには、〝気にしない力〟をつけること

いつか前の会社に戻ることになるのはわかっていたことだ。

鶴田さんのことだから、僕のことを完全に見捨てたわけじゃないとは思っていた。でも、来月だなんて、あまりにも急すぎる。

突然の別れは、思いのほかショックだった。

何も言えずにうつむいていると、高山はポンと僕の肩に手を置いた。

「俺だって辛いが、仕方ない。ひと回り大きくなったお前の帰りを、鶴田さんは首を長くして待っているんだ」

高山はスマホを差し出す。

鶴田さんから高山に宛てたメールが表示されていた。送信日は5カ月前だ。

「俺のところに将来有望な若手がいる。根が素直で真面目なんだが、少し危ういところがある。たかだか2~3カ月結果が出ていないだけで、ひどく思い悩んでいるようなんだ。仕事というものを深刻に捉えすぎているのか、自分を厳しく追い込むときもあってな。いつか潰れてしまうんじゃないか心配だ。しばらく、お前のところに置いてくれないか？　高山の流儀で、あいつの凝り固まった考え方をぶっ壊してほしい。4カ月経ったら、成長したあいつと……あと貸した金も返してくれ」

確かにここに来る前、僕は思うように結果を残せていなかった。

会社でも暗い顔をしていたと思う。だから、鶴田さんは僕を真逆のタイプの高山へ預ける〝荒療治〟に出たのだろう。

「お前は幸せ者だな。鶴田さんは最高の上司だ。個室ビデオにも精通しているしな」

「いや、個室ビデオは関係ないんじゃ……」

高山は窓の方を向いた。

「最後に、お前に伝えておきたいことがある」

高山による最後の講義だった。

「営業は常に数字のプレッシャーに晒《さら》されている。しんどいよな。営業は売るのが仕事だから、売れないと存在を否定された気分になってしまうこともあるだろう」

「そうですね」

「俺もな、若い頃に勤めていた会社で結果が出ないとき、上司からこう言われた。『お前が売らないと、会社の売り上げもなくなる。つまり、他の社員の給料も払えなくなる。てことはお前、人殺しと同じだぞ。社員だけじゃなくその家族まで、お前が路頭に迷わせるんだからな。お前は大量殺人鬼だっ』ってな」

「その上司、ヤバすぎますね……」

「お前よりそこの自動販売機の方が稼いでいると言われたこともあったな」

「ひどい……」

「今思えば、明らかにそいつの言い分がおかしいってわかる。俺たちは周りの人を笑わせたり、何か手伝ったりして、機械以上の働きをしているんだからな。でも、当時は若かったから、結構真に受けちゃってな。辛かったぞ」

「僕だったら、耐えられないと思います……」

「でもな、そこで落ち込んでもパワハラ野郎が図に乗るだけだ。いいことは何もない。

それに『[*7]気持ちがレイムじゃモノホンプレイヤーになれねえ』ってBUDDHA BRANDも言ってるだろ」

「それ、日本語ラップの名盤『人間発電所』じゃないですか」

「お。お前、音楽の教養も身についてきたな」

「高山さんが勝手に僕のスマホに入れたんでしょ」

「そうだっけ？　とにかく、**〝強い〟営業マンはどんなときでも生き残る**」

「強い？」

「俺の昔の上司は、いつも目標達成できていなかった。部長の佐藤さんは役員会で、どんな状況でも、絶好調みたいに表現するんだ。よく通る声で『目標1300万円に対して、1000万円。進捗は75％！　未達成です！』なんて、**自信満々に力強く言うから、役員たちも迫力に飲まれて何も言わなかった。**俺は『この人ハンパねえな。こんな男になろう』と決意したもんだ」

「その決意はいかがなものかと……」

「コジコジだって、勉強してなくて先生に怒られたときに言ってるだろ。『[*8]盗《ぬす》みや殺《ころ》しやサギなんかしてないよ　遊《あそ》んで食《た》べて寝《ね》てるだけだよ　なんで悪《わる》いの？』って。

全ての営業マンは、このコジコジのマインドを見習うべきだ。数字が上がらないからって、犯罪を犯したわけじゃない。売れなくても、シュンとしなくていい。自分の存在を否定しなくていい。〝気にしない力〟を早々に身につけることが、**営業として長くやっていく秘訣だ**」

「なるほど」

「どうしても気分が晴れないときは飲みに行く。行きつけの飲み屋はそのためにもあるんだ。失敗談もエンタメにして笑い飛ばせば、運も向いてくるさ」

僕は高山の最後の言葉をメモに書き留める。

・営業を続けたいなら、コジコジでいろ

そして、深々と頭を下げた。

「高山さん、短い間でしたが、お世話になりました。ご指導いただき、本当にありがとうございます。高山さんの教えが詰まったこのメモは、僕の宝です」

僕はメモ帳を大事に鞄へしまおうとした。

するとう、高山は僕の手からメモをひったくり、宣言した。

「いや、今のお前にはもうメモなんていらないだろう」

近くのごみ箱へメモを放り込む。

「そんなヒマがあったら街へ出て大いにサボり、森羅万象の師匠から学ぶんだ。書を捨てよ、街へ出よう。そしてサボろう。……ってことで、飲みに行くぞ。ついてこい、真部！」

第三章サボりノート

メモ❶ 行きつけの飲み屋は、できるビジネスマンへの近道

メモ❷ 一見客は飲み屋のヒエラルキーでは最下層と心得よ

メモ❸ 媚びはエンタメに昇華せよ

メモ❹ 下心は小出しにしない

メモ❺ ピンチのときも、ユーモアを忘れるな

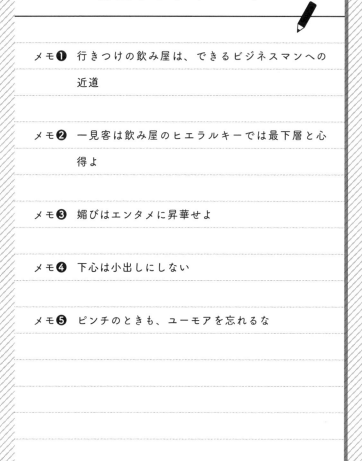

おわりに

ここまでお読みになっていただき、ありがとうございました。

いかがでしょうか。

えっ！　バカバカしい？　全然使えない？

素晴らしい！　よくわかっていらっしゃいますね。

はい。おっしゃる通り、この本はほとんどあなたのお役に立ちません。

だから、街へ出ましょう。

今のようなご時世だって、近くをちょっと散歩したり、コンビニに寄ったりするくらいならいいんじゃないでしょうか。

それに、出られなくても、できることはたくさんあります。

家で映画を見たり、漫画を読んだり、音楽を聴いたり。好きなことについて調べてみるのもいいと思います。あえて、嫌いなものや興味のないものにツッコミを入れてみてもいいでしょう。

普段何気なく見ている、雑誌やテレビ番組、CMをよく見てみましょう。

家の中を観察するのもいいですね。

リビングやキッチンには何がありますか？　部屋の間取りや照明の位置は何を目的としているのでしょうか？

小さなことでも掘り下げてみると、新しい発見があるはずです。

それをどうしたら仕事に生かせるのか、考えてみてください。すぐに思いつかなくても、まずは〝考える〟ことが大切です。

そして〝実践〟に勝るものはありません。

どんなときもあなたの理論を展開して、豪快に生き抜いてください。

失敗しても、ウケなくても、怒られても、それだけのことです。深刻になる必要はありません。ダメだったら、頭を掻いてごまかせばいいと、『銀河英雄伝説』のヤン・ウェンリーも言っています。人生ってそんなもんです。

それでは、街でお会いしましょう。

高山洋平

参考文献

『刃牙』シリーズ　著・板垣恵介（秋田書店）
『めしばな刑事タチバナ』著・坂戸佐兵衛、旅井とり（徳間書店）
『美味しんぼ』著・花咲アキラ、雁屋哲（小学館）
『ゴクウ』著・寺沢武一（アールテクニカ）
『COBRA』著・寺沢武一（アールテクニカ）
『白竜』著・天王寺大、渡辺みちお（日本文芸社）
『天牌』著・来賀友志、嶺岸信明（日本文芸社）
『チャイニーズ・ゴースト・ストーリー2』監督・チン・シウトン
『アメリカンバーベキュー最強決戦！』出演・リリック・ルイス、ラトリッジ・ウッド（NETFLIX）
『銀河英雄伝説』著・田中芳樹、藤崎竜（集英社）

引用文献

※1　寺沢武一著『ゴクウ』1巻（アールテクニカ）、P232
※2　寺沢武一著『ゴクウ』1巻（アールテクニカ）、P15
※3　寺沢武一著『COBRA』7巻（アールテクニカ）、P41
※4　花咲アキラ・雁屋哲著『美味しんぼ』1巻（小学館）、P67
※5　花咲アキラ・雁屋哲著『美味しんぼ』1巻（小学館）、P69
※6　坂戸佐兵衛・旅井とり著『めしばな刑事タチバナ』1巻（徳間書店）、P189
※7　BUDDHA BRAND『人間発電所』NexTone許諾番号PB000050820号
※8　さくらももこ著『COJI-COJI』1巻（集英社）、P16

※本書に出てくるお店の情報などは、執筆当時のものです。

高山洋平（たかやま・ようへい）

株式会社おくりバント　社長
プロ営業師（自称）。コミュニケーションのスペシャリスト。

1978年4月吉日生まれ。東京都出身。大学卒業後、不動産投資会社で圧倒的な営業成績を収め続けた。その後、IT業界大手の株式会社アドウェイズに入社。独自の営業理論を武器に、中国支社の営業統括本部長まで上り詰める。

2014年2月には「自分でもクリエイティブを作りたい」という想いから、同社の子会社として、株式会社おくりバントを創業。「得点圏まであなたを」を企業理念に掲げ、PR企画・PRコンサル・デザイン・CM・MV作成・楽曲制作・ライティングなどのクリエイティブ全般を行う。社長を務めるかたわらプロデューサーとして実務にも携わり、豪快すぎる営業手法で数々のピンチを切り抜けつつ結果を出してきた。

2020年3月には黒字を達成。

PC操作や事務作業は苦手だが、営業力には定評があり、企業や大学で営業をテーマとしたセミナーの講師も務めている。

ちなみに、業界では年間360日飲み歩く“プロ飲み師”としても知られている。

ビジネス書を捨てよ、街へ出よう
プロ営業師の仕事術

2020年11月22日　初版発行
2020年11月23日　2刷発行

著　者　高山洋平
発行者　野村直克
発行所　総合法令出版株式会社
〒103-0001 東京都中央区日本橋小伝馬町15-18
EDGE小伝馬町ビル9階
電話　03-5623-5121
印刷・製本　中央精版印刷株式会社

ISBN 978-4-86280-775-5
総合法令出版ホームページ　http://www.horei.com/

SAGAWA